너는 내 앞에서 행하여 완전하라

너는 내 앞에서 행하여 완전하라

초판 1쇄 인쇄   2024년 9월 02일
초판 1쇄 발행   2024년 9월 10일

지은이   박영우
펴낸이   이재승
펴낸곳   하늘기획
출판등록 제306-2008-17호
주   소   서울시 중랑구 망우로로92
주문처   하늘유통
전화   031-947-7777
팩스   0505-365-0691
ISBN   979-11-92082-127 03230

너는 내 앞에서
행하여 완전하라

박영우 지음

추천사 1

**어린아이 같이 청순한
하나님의 종**

"내가 너를 지명하여 불렀다"를 읽으면서 내 가슴이 뭉클해서 한참 눈을 감고 또 생각했다. '나는 지금까지 무얼 하면서 살아 왔는가?' 이 글은 나에게 내 삶을 다시 보게 한다.

박영우 목사님의 문장은 처음부터 끝까지 살아 움직이는 뜨거움이 있다. 이 책을 읽으면 박영우 목사님의 살아온 삶이 보이고, 그의 믿음이 느껴지고, 그의 진실한 인간성이 선명하게 드러난다. 이 책을 읽다보면 시간을 잊는다. 눈에 눈물이 고인다.

박영우 목사님의 혼신이 담긴 이 책은 목회를 하면서 지친 목회자들에게 인생을 살아가면서 절망 앞에서 방황하는 평신도들에게 그리고 인생의 의미를 상실하고 우울해하는 믿지 않는 사람들에게 생기를 불어넣어 줄 것을 믿는다.

이 책은 한 인간, 박영우가 어떤 사람인가를 잘 말해주고 있다. 박영우 목사님은 평범한 사람과는 다른 면이 있다. 요즘 세상은 이 해상관을 중심으로 모든 관계가 이루어지고 있다. 박영우 목사님은 이런 범주에서 벗어난다. 청순함을 느낀다. 이해상관에 휩싸여 돌아가는 세상에서 조금만 해이하면 누구에게 사기나 당하지 않을지 긴장하고 살아간다. 그런데 박영우 목사님을 만나 조금만 시간이 지나가면 모든 긴장이 풀리면서 시원한 참 사람 냄새가 느껴진다.

박영우 목사님은 따지지 않는다. 계산하지 않는다. 상대가 무얼 가졌는가를 계산해서 그를 평가하지 않고, 그 사람 있는 그대로를 보고 감동한다.

나는 박영우 목사님을 얼마 전 광주안디옥교회 집회 강사로 가서 처음 만났다. 4일 동안 광주안디옥교회 교인들을 보았다. 요즘처럼 교인이 모이지 않아 교회집회가 너무 어려운 것을 많은 교회에서 보고 실감해 왔는데, 광주안디옥교회는 달랐다. 너무 달랐다. 평일 밤에 꾸역꾸역 모여드는 교인들의 발걸음이 가볍고 얼굴이 살아있었다.

무엇이 광주안디옥교회를 살아 움직이게 하는가?

그것은 박영우 목사님의 어린아이 같은 마음이다. 삶에 지쳐 있는 현대인들은 박영우 목사님 같은 청순한 마음을 만나면 살아난다. 생기를 느낀다.

예수님께 제자들이 물었다.

"누가 천국에 들어갈 수 있습니까?" 하고. 예수님은 곧 앞에 있는 어린아이를 품에 안으시고 "이런 아이 같은 사람이다" 그런 면에서 박영우 목사님은 예수님이 가장 사랑하는 종임에 틀림없다.

다음으로 박영우 목사님은 한 번 옳다고 믿으면 목숨을 내거는 강한 정신이 있다. 인간을 연구하다 보면 변함없는 원리가 있는데, 그것은 부모는 자식을 만든다는 것이다.

부전자전이라는 말이 있다. 오늘 강하고도 선한 박영우 목사님 뒤에는 아버지가 있다. 그 아버지는 가난해서 어린 시절부터 남의 집 머슴을 살았지만 그 분의 삶은 성실했고 정직했고 근면했고 사랑을 지닌 분이었다.

"태초부터 나를 택하신 하나님의 계획"을 읽다보면 박목사님 아버지는 위대한 삶을 사셨다. 지금 다른 사람들이 본받기 힘든 박영우 목사님의 독특한 신앙적인 삶은 거의가 그의 아버지가 물려준 유산이라 믿는다. 앞으로 박영우 목사님도 아버지처럼 크고도 위대한 신앙의 부자가 되어 수많은 사람들에게 받은 복을 나누어 주며 사시리라.

박 목사님은 전 세계 복음화의 열정으로 백만 교회를 세우는 비전으로 불타 있습니다. 하나님께서 그에게 "내 앞에서 행하여 완전하라"는 말씀을 하셨다고 합니다.

박 목사님은 "완전하라는 뜻이 무엇입니까?"라고 하나님께 질문했을 때 하나님께서는 '사랑과 진실'이라고 답하셨다고 합니다.

하나님께 대한 박 목사님의 사랑과 진실이 하나님을 기쁘시게 하여 이 놀라운 과업을 성취하기를 바라며 기도합니다.

치유 상담 대학원
정태기 총장

추천사 2

부드러움과 강함의 균형과 조화로 어우러진
순수하고 따사로운 영혼의 소유자

풍문으로만 듣고 흠모했던 광주안디옥교회 박영우 목사님의 "내가 너를 지명하여 불렀다!"를 접하는 순간 내 가슴은 거룩한 감격과 흥분으로 뛰기 시작했습니다. 참으로 오랜 만에 내 영혼을 흔들고 깨우는 사도행전 29장의 목회현장을 곡예 하듯 따라가 단숨에 마지막까지 독파하면서 나도 모르게 내 마음 깊숙한 곳에서 아쉬움이 가득한 기도가 튀어 나왔습니다.

"오, 주여! 제가 진작 이런 목사님을 만나 그 밑에서 목회를 배웠더라면 얼마나 좋았을까요? 이 책을 통해서 제가 만난 박 목사님은 이런 분이셨습니다.

하나, 참으로 맑고 순수하며 따사로운 영혼의 소유자이셨습니다.

둘, 부드러움과 강함의 균형과 조화를 안고 목회하고 계신 분이셨습니다.

셋, 예수님처럼 온유와 겸손이 몸에 배어있는 분이셨습니다.

넷, 예수님을 가장 많이 닮고 싶은 거룩한 마음과 함께 예수님의 심장으로 뜨겁게 교회와 영혼을 사랑하는 분이셨습니다.

다섯, 100만 교회, 중국 영혼의 십일조를 부르짖을 만큼 큰 비전과 열정의 사람이셨습니다.

여섯, 진리 사수를 위해서라면 그 누구도, 그 무엇도 두려워하지 않는 생명을 내 건 목회자이셨습니다(WCC 반대 등).

일곱, 기도하는 것과 말씀 전하는 것을 전무하리라는 초대교회 사도들의 목회관을 관통한 목회자 중의 목회자이셨습니다.

여덟, 오직 성령의 권능으로 땅 끝까지의 복음 선교에 정복당하여 우리 시대의 사도행전을 계속 써내려가는 분이셨습니다.

아홉, 주님의 오른 손에 잡혀 "쉽고, 가볍고, 재미있고, 행복하게" 목회현장을 누리는 분이셨습니다.

열, 가장 귀한 선물인 아주 귀하신 사모님을 선물로 받은 은총 중의 은총의 사람이셨습니다.

열하나, 그는 말만 잘하고 교회만 부흥시킨 목사가 아닌 삶의 현장에서 예수님을 보여주신 진정으로 거듭난 삶을 살아내신 분이셨습니다(세 사위들과 따님 세 분을 목사와 사모로 세우심이 그 증거).

열둘,《내가 너를 지명하여 불렀다》는 말씀처럼 그는 우리 시대의 잠든 영혼을 깨우시려고 하나님이 예비하신 참된 주님의 종이셨습니다.

모쪼록 이 한 권의 책이 우리 시대의 사도행전이 되어 침체되어 가는 한국교회와 지구촌교회를 살리고 세우기를 바랍니다.

이 책을 통해 수많은 주의 종들이 박 목사님처럼 말씀과 기도, 오직 성령 충만으로 거룩한 야성과 기질, 집념과 열정이 불타올라 세말의 지구촌을 누리며 누비기를 축복합니다.

늦둥이 아들 은총이가 잘 준비되어 아버지보다 열배, 백배, 천배로 존귀하게 쓰임 받게 될 것을 믿음으로 예언합니다. 세 따님과 사위들 역시 동일한 복을 누릴 것을 믿고 축복하며 맺습니다.

대전 한밭제일교회
원로 이영환 목사

추천사 3

하나님 제일주의
기도의 사람, 꿈의 사람

'박영우 목사'라 하면 기도의 사람으로 알려져 있다.

나는 박영우 목사님을 알기 전, 그가 노회 회의 시간에 의자 위에 무릎을 꿇고 올라 앉아 기도하고 있는 모습을 보게 되었다. 그가 누군지는 모르지만 젊은 목회자가 남다르게 회의 시간에도 기도하고 있다는 것은 좀 특이하다 하겠으나, 기도하고 싶을 때 누가 어찌 보든지 괘념치 않고 그는 기도하는 기본자세인 무릎을 의자 위에서도 꿇고 기도한다는 사실에 주목하게 되었다. 그로부터 30년 가까이 지켜봐도 역시 그는 기도의 사람이요 기도의 사역자다.

그는 이미 자서전을 출간한바 있으나 이번에 그 후의 증보판으로서, 원고를 준비하고 보여주기에 그 원고를 모두 읽어봤다. 그의 글에는 자주 기도 이야기가 나온다. 그리고 그 기도들은 많은 경우에 꿈으로 연결된다. 즉 꿈들은 어설픈 의미 없는 꿈들이기 보다는 기도에 근거하여, 하나님께서 주시는 응답이요 말씀이라 했다.

이렇게 표현하면 박 목사님은 꿈을 중심으로 한, 신비주의자인가 하는 생각을 갖게 될지도 모르겠다. 그러나 기도를 꿈으로 응답 받고 격려 받으며 목회하는 것, 그 자체가 잘못된 것이기보다는 하나님 주신 은사 중 하나로 볼일이다.

나 같은 사람도 생애에서 빼버릴 수 없는 절실한 꿈들이 더러 있다. 그 보다도 꿈은 근본적으로는 우리 주님께서 탄생하실 때, 꿈들의 계시로 인도를 받았기에, 이 꿈의 작용을 우리는 무시할 수 없다. 물론 자기의 모든 꿈마다 어떤 대단한 의미를 가하려 한다든지 하나님의 뜻으로 각색하여 해석하려 든다면, 그건 문제가 심각할 수 있다.

그의 글들을 읽다보면 오늘의 한국교회의 모든 고쳐야 할 점들, 특히 내 노라 하는 목회자들의 잘못된 것들을 거울로 보는 것 같다. 그는 이런 것들을 자기 고백적으로 표현했다. 그래, 누가 예외겠는가? 우리는 다 잘못되고 부족하지 않는가?

제가 이 원고를 읽고 추천하는 것은 어떤 대단한 유명인의 저서이기 보다는 그야말로 모든 것이 밑바닥인 처지에서, 오직 하나님께 엎드려 금식으로 기도하여 부르짖으며 그 밑바닥부터 쌓아올렸던 그의 목회의 생을 목회자들, 특히 목회를 시작하는 젊은 목회자들은 물론이고 성도들도 읽어보기를 권하는 마음으로 추천의 글을 쓰게 되었다.

이 책은 자서전이고 회고록이지만, 자기를 내세우려하기 보다는 모든 글에서 하나님 제일주의로 그가 하나님을 경험한대로 그의 심장을 기우린 글들이기에 이 책을 권하게 되었다.

광주양림교회 원로
손영호 목사

추천사 4

사랑과 진리로 생명 다한 삶

광주안디옥교회를 생각하면 두 가지가 마음에 떠오릅니다. 첫째는 '교회예산의 60%'를 선교를 위해서 사용하는 교회이고, 둘째는 'WCC 반대'에 앞장섰던 교회입니다.

이 둘 모두 어려운 선택이었을 것입니다. 박영우 목사님은 1990년 교회 건축공사를 빚을 내서 한 후 매달 이자내기도 어려운 상황 속에서, 회계집사의 반대를 무릅쓰고 교회예산 60% 선교비 지출을 결단했습니다. WCC를 반대한 교회는 많이 있습니다. 그러나 앞장서서 반대하기는 매우 어렵습니다.

많은 교회들과 성도들이 WCC에 미혹되지 않도록 혼신의 힘을 다해 한국교회를 일깨웠고 또 생명 걸고 영적전쟁을 치렀습니다. 부산 벡스코 WCC 총회 반대집회를 다녀온 이후에는 병원에서 수일간 혼수상태로 있으면서도 끝까지 진리를 사수하며 영적전쟁에서 승리했습니다.

박영우 목사님의 자서전을 읽노라면 박 목사님은 '사랑과 진리'에 온 인생을 걸고 목회해온 것을 보게 됩니다. "내 앞에 완전하라"는 하나님의 명령 앞에서, 사랑이라는 테스트에서 100점을 맞고 또 진리라는 테스트에서 100점을 맞기 위해 몸부림치는 한 목회자의 치열한 목회 여정을 감동 가운데 접하게 됩니다.

박영우 목사님의 목회와 사역은 철저하게 기도에 기초를 두고 있습니다. 매일 계속되는 빡빡한 일정 가운데 기도가 핵심을 이루고 있습니다. 박 목사님은 기도 가운데 늘 주님을 만나고 성령의 권능을 받았습니다.

그래서 성령의 인도함을 따라 '내 목회'가 아닌 '주님의 목회'를 섬기는 충성된 종이며 예수님의 동역자로 살아가셨습니다.

박 목사님의 자서전은 오늘날 기도와 성령의 권능 없이 이론과 지식으로 사역하는 많은 사역자들에게 경종을 울리는 귀한 책입니다. 많은 목회자들과 성도들에게 큰 도전을 주며 우리 모두를 '사랑과 진리'로 인도하는 이 책을 모두에게 강력하게 추천합니다.

에스더 기도운동 대표
이용희 목사

여호와께서 사무엘에게 이르시되

그의 용모와 키를 보지 말라

내가 이미 그를 버렸노라

내가 보는 것은 사람과 같지 아니하니

사람은 외모를 보거니와

나 여호와는 중심을 보느니라 하시더라

• 삼상 16:7

차례

내가 속히 오리니

네가 가진 것을 굳게 잡아

아무도 네 면류관을 빼앗지 못하게 하라

• 계 3:11

오직 너 하나님의 사람아 이것들을 피하고
의와 경건과 믿음과 사랑과 인내와 온유를 따르며
믿음의 선한 싸움을 싸우라 영생을 취하라
이를 위하여 네가 부르심을 받았고
많은 증인 앞에서 선한 증언을 하였도다

• 딤전 6:11-12

1
WCC 반대에
나의 목숨을 걸었다

사단은 나를 묶어놓으려 했다

제10차 WCC 부산대회 반대집회에서 내가 설교를 맡게 되리라고는 꿈에도 생각하지 못했다.

WCC(세계교회협의회)는 UN이 세계 연합기구인 것처럼 세계 종교통합 기구와 같아서 세계에 미치는 영향은 이루 말할 수 없다. 이 영향은 바로 그리스도를 향한 대배도로 이어질 것이다.

내가 이 거대한 기구에 대항하여 그 정체를 폭로하고 세계적으로 범종교인들 8천여 명이 모이는 총회를 반대하는 집회에서 설교를 한다는 것은 인간의 눈으로 보면 지구라는 바윗덩어리를 계란으로 치는 어이없는 짓처럼 보일 테지만 하나님께서는 분명히 나를 사용하셨다고 믿는다.

하나님께서는 세상의 있는 것들을 폐하시려고 세상의 천한 것들, 멸시 받는 것들, 없는 것들을 사용하시는 것이 하나님의 방법이라는 것을 나는 알고 있기 때문이다.

어둠의 세상 주관자 마귀는 나를 끊어놓기 위하여 온갖 궤계를 부리고 있었다.

WCC반대집회/합심통성기도/부산 벡스코 앞(2013년 10월 29일)

WCC 부산총회가 개최되는 그날, 2013년 10월 29일 아침에 나는 사단의 공격을 받았다. 그날 오후 1시에 WCC 부산 총회 반대 연합 집회에서 내가 설교를 하게 되어 있었다.

아침 6시경, 갑자기 위에 통증이 시작되더니 나는 거의 움직일 수 없게 되었다. 응급실에 실려 갔을 때, 의사는 강력한 진통제 주사를 투여하면 설교는 할 수 있을 거라고 말해 주었다.

나는 응급실에 누워 하나님께 간절하게 기도하였다.

"오늘 부족한 제가 WCC 부산총회 반대 집회에서 설교를 하는데, 주님 붙잡아 주옵소서. 회복시켜 주옵소서. 하나님께 모든 것 맡깁니다."

WCC반대집회설교: 박영우목사/부산벡스코 앞(2013년 10월 29일)

내가 응급실에 있다는 소식을 듣고 우리 광주안디옥교회 성도들이 모여 합심하여 부르짖어 기도했다고 한다. 그날이 화요일인데, 성도들은 직장을 포기하고 300여명이 관광차로 부산에 오는 도중에 담임목사님이 병원에 있다고 하니까 얼마나 눈물 뿌려 부르짖어

기도했는지 상상이 된다.

오는 도중에 기도의 전쟁을 할 때, 우리교회 한 여전도사에게 하나님의 응답이 왔다고 한다.

"승리하였다!"

이런 응답이 있었기에 내가 하나님이 주신 힘으로 설교할 수 있었다.

나는 부축을 받아 병원에서 나와 곧장 연합집회 설교단으로 올라갔다. 한국교회를 염려하고 한국교회가 사단의 지배를 받지 못하도록 WCC를 반대하는 수많은 의로운 성도들이 인산인해를 이루고 있었다.

몸은 가눌 수 없을 정도였지만 성령님의 도우심으로 강력한 말씀을 전하고 나서 이어 기자회견을 하고 광주에서 부산까지 WCC 반대집회에 참가하기 위해서 왔던 성도들과 함께 광주로 돌아왔다.

그날 저녁 또다시 사단의 공격이 시작되었다. 수요일이었던 그날 밤부터 토요일 아침 10시까지 3일 동안 나는 혼수상태에 빠지고 말았다.

후에 들으니 그날 병원에 많은 성도들이 다녀갔지만 누군지도 기억하지 못하였고, 한동대에 다니는 아들 은총이가 전화를 걸어왔으나 알아듣지 못하고 모기만한 목소리로 "여보세요 여보세요" 하다가 끊는 것을 보고 아내는 많이 울었다고 들었다.

우리 교회 한의사 장로님이 약을 조제해 주셨지만 다 토해버리고, 어떤 음식도 넘어가지 않게 되었고, 결국 정신을 잃어버린 것이다.

혼수상태에서 보여주신 환상

3일 반 동안 혼수상태에 들어갔다가 깨어나기 직전에 하나님께서 나에게 꿈을 통해 보여 주셨다.

먼저 WCC 부산 총회 장소를 비춰주셨다. 웅장하고 멋진 건물, 휘황찬란한 빛으로 건물은 더욱 번쩍이고 화려함의 극치를 보여주고 있었다. 나는 꿈속에서도, 그 빛은 성령의 불이 아니라 휘황찬란한 빛으로 위장하여 세상을 현혹시키는 거짓의 인조불이라는 것을 느낄 수 있었다.

그리고 이어 나는 짐승의 공격을 받았다. 그 짐승은 1미터 정도의 길이에 살이 통통하게 찐 얼룩 무늬였고, 나를 공격하는 힘으로 보아 보통 강한 짐승이 아니었다.

짐승이 나의 왼쪽 겨드랑이를 치고 들어왔을 때 나는 심한 통증을 느꼈다. 나는 오른 손 주먹으로 그를 막고 치면서 싸워 마침내 그 짐승을 죽이고야 말았다.

그것으로 끝난 줄 알았는데 갑자기 예닐곱 마리가 한꺼번에 나를 향해 공격을 시작하는 것이었다. 나는 잽싸게 이미 죽은 짐승을 두 손으로 들어 무기로 삼아 위로부터 내리쳐서 그 짐승들까지 모두 다 죽여 버렸다.

나는 승리로 열광하고 있는데 가까운 곳에서 어떤 목사님 한 분이 그 새끼들을 보호하고 있었다. 자세히 살펴보니 그 목사님은 대머리였다. 나는 그를 밀쳐내며 "저리가!"라고 소리치고 죽은 짐승 한 마리를 들어 새끼 짐승들을 쳐 죽였다.

이 꿈을 꾸고 나서 잠깐 깨었다가 다시 잠이 들었을 때, 하나님께서 또 다른 꿈을 보여 주셨다.

독수리 같은 검은 새가 날아오더니 내 왼손을 쇠스랑으로 찍어 버린 것이 아닌가! 순간 강렬한 통증을 느꼈다. 쇠스랑이 손에 박혀 있어서 나는 움직일 수 없었다. 그래서 성한 오른 손으로 그 검은 새를 잡아 죽였다.

꿈속에서 이 싸움은 처절하였지만 나는 통쾌한 승리를 거두었다. 나는 환상에서 본 WCC 사단을 다 죽여 버려서 감사했다.

나는 이 연속적인 꿈을 WCC 부산 총회시에 꾸었다. 그리고 나는 그리스도와 복음과 원수 되는 이 세력을 꺾고자 내 한 목숨 내놓은 상태였다.

WCC 세력은 사단의 앞잡이다. 그리스도의 구원을 막아 인류를 지옥으로 끌고 가는 세력이다. 그들의 주장은 모든 종교에 구원이 있다는 것이다. 그들은 종교다원주의를 주장하고 있다.

불교, 이슬람, 힌두교, 유교 등 모든 종교에, 심지어 샤머니즘에도 구원이 있다고 주장한다.

그런데도 WCC가 창립된 이래 1차 총회부터 9차 총회까지 개최 국가에서 한번도 반대집회가 없었다. 그러나 한국은 달랐다. 아니 특별하다. 제 10차 WCC 한국 부산집회를 반대하는 집회에 수만 명의 성도들이 전국에서 몰려왔다. 전례에 없었던 사건이 바로 한국에서 일어나 세계를 놀라게 한 것이다.

한국 교회는 역사적으로 거룩한 교회를 지키기 위하여 순교의 피가 강물처럼 흘렸던 성지다. 사탄의 세력이 결코 또아리를 틀 수 없는 곳이 한국 교회다. 이 반대집회에서 수만 명의 한국 성도들이 회개하며, 하나님의 은혜를 간구하며 부르짖는 기도가 상달되어, 한국교회의 죄악을 용서해 주시고, 한국교회의 성도를 들어 진리의 복음으로 악한 사탄의 위장된 거짓을 깨뜨려 주셨을 것으로 믿는다.

"다른 이로써는 구원을 받을 수 없나니 천하사람 중에 구원을 받을 만한 다른 이름을 우리에게 주신 일이 없음이라 하였더라." (행 4:12)

"예수께서 이르시되 내가 곧 길이요 진리요 생명이니 나로 말미암지 않고는 아버지께로 올 자가 없느니라." (요 14:6)

예수님 이름 한분 밖에는 구원을 얻을 길이 없다고 하시는 예수님의 진리의 말씀을 저들은 바꾸어 버렸다. 성경 말씀에 의하면 그들에게 저주가 임박했다는 것을 알 수 있다.

> "진실로 너희에게 이르노니 천지가 없어지기 전에는 율법의 일점일
> 획도 결코 없어지지 아니하고 다 이루리라." (마 5:18)

> "그러나 우리나 혹은 하늘로부터 온 천사라도 우리가 너희에게 전한
> 복음 외에 다른 복음을 전하면 저주를 받을지어다." (갈 1:8)

장로회 통합측 총회는 나를 정죄하였다

내가 WCC 부산 총회 반대설교를 했다고 하여 노회에 소환되어 재판을 받았다. 마치 마틴 루터가 가톨릭에 의해 종교재판을 받는 꼴이었다. 나 같은 사람을 감히 루터에 비할 수는 없다. 구원은 오직 믿음으로 받는다는 주장이 불법이라고 재판을 받는 것과 맥락을 같이 한다고 생각하여 말한 것이다.

나는 6~7명 재판위원들 앞에서 죄인으로서 심문을 받았다. 죄목은 이와 같다. 장로회 통합측에서 목사 안수를 받을 때, 통합측 헌법과 교리를 준수하기로 서약하고서 왜 통합측 선교정책에 반하는 설교를 했느냐는 것이다. 설교는 꼭 그들의 입맛대로 설교해야 하는가?

하늘이 웃을 일이다. WCC 찬성이 헌법이고 교리인가? 헌법과

교리는 성경에 근간하여 세운 것이니 말씀에 복종해야 하겠지만 정책이란 나의 신앙과 사상에 맞지 않으면 함께 참가하지 않을 수 있으며 반대할 수도 있는 것이 아닌가? 재판위원들의 현명하지 못한 심문이 너무도 치졸하고 유치하다.

나는 분명히 통합측 신학교를 졸업하고 목사 안수를 받았다. 그러나 나는 예수님의 제자다. 예수님 한분만이 구원자이신데 다른 방법으로 구원의 길이 있다고 주장하는 자들 편에 내가 서야 한단 말인가?

재판마다 공방을 주고받았다. 결국 노회 재판의 결과는 1년 정직이었다. 일 년 동안 설교권 박탈, 일 년 동안 당회장권 박탈이었다. 나는 이 재판에 불복하여 상고하였다. 이번에는 6개월 근신과 3번의 반성문을 쓰라는 것이었다. 초등학교 수준도 안 되는 판결이었다.

반성할 것이 있어야 반성문을 쓸 수 있지 않겠는가? 나는 아무리 깊이 생각하고 또 생각해도 잘못한 일이 없다. 오직 예수님만이 구원의 길이라고 설교한 것이 잘못이란 말인가? 나는 아직까지 나의 잘못을 알지 못하여 반성문을 쓰지 않았다. 결국 노회에는 출입할 수 없게 되었다.

총회 재판 전날, 재판부 위원 16분 중 한 분 목사님으로부터 전화가 걸려왔다.

"박영우 목사님, 저는 목사님을 존경합니다. 목사님의 주장이 맞지요. 하지만 저는 무죄라고 주장하지만 혼자 힘으로는 불가능합니다."

그리고 그분은 자신을 밝히지 않고, 내일 결정될 재판결과를 귀띔해 주었다. 어느 환경에서나 하나님께서는 의로운 사람을 숨겨두고 계신다.

목포에서 목회하시는 이종택 목사님은 "목사님은 예수님의 자존심을 세워드렸습니다." 라고 나를 격려해 주었다.

예수님 이외에 구원이 있다는 것은 하나님 아버지의 멱살을 잡고 흔드는 마귀의 짓과 같다. 아버지가 동네 깡패들에게 몰매를 맞고 있는데 깡패들이 무서워 도망치는 자식이 있겠는가? 깡패를 이길 힘은 없어도, 매를 맞으면서도, 이빨로 물고라도 아버지를 위하여 싸워야 하지 않겠는가?

교회의 비극은 항상 진리에서 돌아설 때 생기는 법이며, 그 비극은 교회의 존재를 뿌리 채 흔들고 있는 것이다.

한경직 목사님은 돌아가시기 전에 한국 교회 앞에 두 가지를 후회하며 회개한다고 했다. 그것은 신사참배와 WCC 가입이라고 하였다. 지도자로서 지은 죄가 얼마나 큰지 엄청난 비극은 고스란히 오늘의 교회가 물려받는 것이다.

한국교회 두 사람의 요압 장군

나에게는 존경하고 사랑하는 두 분의 목사님이 있다. 한 분은 세계에서 가장 큰 교회를 이루신 분, WCC를 한국에 유치하신 분이고, 다른 한 분은 장로회 통합측에서 제일 큰 교세를 가지신 WCC 상임 위원장을 맡으신 분이다.

이분들이 세계교회를 위해 그리고 한국교회를 위해 빛나는 일을 했다고 지금은 자부하고 있겠지만, 훗날에는 교회를 사단에게 팔아넘긴 자들로 기억될 것임이 분명하다.

2013년 10월 13일, WCC 부산총회에 앞서 WCC 신학의 문제점을 비판하며 WCC부산총회 반대운동을 전개해온 한기총(한국 기독교 총연합회 대표회장 홍재철 목사)이 WCC부산총회의 성공적 개최에 협력하기로 했었다. 물론 장소는 서울 명성교회였다.

거기에 모인 사람들은 다음과 같다.

김삼환 목사(WCC 부산총회 준비위원장)

김영주 목사(WCC 부산총회 집행위원장)

홍재철 목사(한기총 대표회장)

길자연 목사(한기총 직전 대표회장)

이들은 다음의 요지에 합의하고 선언문을 발표했다.

— 종교 다원주의 배격

— 공산주의, 인본주의, 동성연애 등 복음에 반하는 모든 사상
　　반대
　— 복음 증거의 사명을 감당, 성경 66권은 신앙과 행위의 절대적
　　인 표준으로서 천명

　정말 훌륭한 선언문이다. 이대로만 되면 WCC를 반대할 까닭
이 없다.

　WCC 본부에 한국 교회의 입장을 전달하여, 부산대회는 하나님
중심이며, 성경중심의 총회가 되도록 만들겠다는 약속이었다. 그게
WCC에 관철될 것이라는 생각 자체부터 WCC 정체를 모르고 있
었던 게 아닌가 하는 생각이 든다. WCC 본부는 김삼환 목사의 말
을 듣고 오히려 상임 위원장이 월권행위를 하고 있다고 핀잔을 받
았다는 후문을 들었다.
　그해 5월에는 KNCC 김영주 총무가 불교에도 구원이 있다고 공
공연히 발표하였다. 그때 나는 김삼환 목사님이 놀라서 WCC와는
결별하겠구나 생각했다. 그런데 그는 그리스도를 버리고 벨리알과
함께 가는 길을 택하고 말았다.

종교 다원주의

한국교회 지도자들이라고 자처하는 사람들이 1991년 WCC 7차 캔버라 총회에서 노골적으로 종교혼합주의, 종교다원주의로 가는 길을 활짝 열어놓았다는 사실을 모를 리가 없다.

그보다 일 년 앞선 1990년 스위스의 바아르에서 타종교간의 만남에 대한 WCC공식적인 입장을 표명한 '바아르 선언문'(Baar Statement)에 분명하게 나타나 있다.

"모든 나라들과 백성들 가운데 항상 하나님의 구원의 임재가 있었고, 타종교 전통들의 추구 속에서 나타나는 진실, 지혜, 사랑, 거룩은 성령의 은사들이다."

이렇게 밝힘으로써 WCC는 1990년에 이미 종교다원주의를 공식적으로 인정한 것이다. 이거 무슨 해괴한 장난인가?

그래서 이후 WCC 대회는 초혼제를 열어 역사적으로 억울하게 희생된 영혼의 이름을 부르며, 그들의 이름을 태운 재를 하늘위로 날리며 그들의 영을 위로하는 축제를 개최하기도 했다. 하나님 앞에서 얼마나 망령된 행위인가!

나는 김삼환 목사가 벨리알과 동행하는 모습을 보면서 가슴을 치며 통곡하며 밤을 꼬박 새워 하나님께 기도했다.

"하나님! 이럴 수는 없어요. 불교도 구원이 있다는데 어찌하여 보수교단들은 가만히 있습니까?"

새벽까지 기도하고 있는데 하나님께서 나에게 감동을 주셨다. 기도회를 조직하라는 것이다. 그렇게 시작한 것이 '함께 기도해요'라는 모임이다. 처음 시작은 나와 가까운 통합측 목사님 15분과 우리 교회 출신 목사 15명이었다.

그날의 철야기도는 성령님께서 붙잡아 주신 것이었다. 부흥회를 위하여, 교회 건축을 위하여 대지를 구입하고 건물을 지을 때 철야기도를 한 적이 많았지만 성령님께서 WCC 문제를 위해서도 철야기도를 하게 하신 것이다.

하나님께서 바로 이런 나의 모습을 보시고, WCC 부산총회 반대집회 설교를 기쁘게 내게 맡겨주셨다고 생각한다.

그날 내가 설교하는 중에, 어떤 목사님은 하얀 세마포를 입은 두 천사가 집회 위 공중에 떠서 돌아다니는 모습을 보았고, 하나님께서 나에게 "루터"라고 말씀하시더라고 간증하였다.

그리고 영성 깊은 어느 기도원 원장은 하나님께서 내가 WCC와 싸우는 장면을 보여주셨다면서, 천사가 와서 나에게 " " 표를 주었다고 말해 주었다.

그 표의 뜻이 무엇이냐고 하나님께 물으니 아주 귀한 약속이라는 것이다. 어떻든 나의 인생에서 하나님께 아름답게 쓰임 받는 순간이었다.

역대 WCC 총회에서 채택 발표한 내용들

　WCC의 정체가 무엇인지 역대 총회에서 결의한 내용을 여기에 정리해본다.

(1) 1차 총회:1948년 8월 3일 -네덜란드 암스테르담

　* 공산주의는 가난과 불완전으로부터의 구원의 수단이라고 발표 (용공주의)

(2) 2차 총회:1954년 8월 -미국 에반스톤

　* 세상의 모든 악을 퇴치시키기 위한 사회주의 건설이 WCC의 지상목표

(3) 3차 총회:1961년 7월 -인도 뉴델리

　* 마르크스주의는 정의로운 사회구현을 위한 필수이념이라는 성명서 채택
　* 종교다원 혼합주의 시도 (해방신학)

(4) 4차 총회:1968년 7월 -스웨덴 웁살라

　* 혁명가(게릴라)들에게 자금지원을 위해 모금운동 시작 (공산게릴라 지원)

(5) 5차 총회:1975년 11월 -아프리카 케냐 나이로비

 * 마르크스 게릴라운동 묵인, 각기 다른 성생활 묵인

(6) 6차 총회: 1983년 7월 24일 -캐나다 벤쿠버

 *오직 예수를 부인, 종교다원주의 인정 (예수 믿지 않아도 다른
   종교에도 구원이 있음)

(7) 7차 총회:1991년 2월 -호주 캔버라

 * 무속신앙 접목 (범신론적 종교혼합주의)

(8) 8차 총회:1998년 12월 3일~14일 -짐바브웨 하라레

 * 일부다처제 주장 및 촉구 또는 묵인

(9) 9차 총회:2006년 2월 14일~23일 -브라질 포르토알레그레

 * 성적 소수자들 〈동성애자들〉에게도 성직을 허락하는 제도적
   구조의 변화가 있어야 한다고 주장(동성애 성직자 지지)

(10) 10차 총회:2013년 10월 30일~11월 8일 -대한민국 부산

 * 북한동포의 인권탄압 묵인, 동성애 사실상 지지, 종교다원주
   의, 통합주의를 표방하는 선교선언문 발표

WCC를 이끌어가는 한국종교 지도자들

WCC와 싸우기 1~2년 전에 나는 신령한 꿈을 꾼 적이 있었다. 김삼환 목사님이 낮은 언덕 꼭대기에 앉아 있었는데, "천주교에서 나를 믿고 돈을 주었다"고 매우 좋아하고 있었다.

나는 그 자리에서 아무 대꾸도 하지 않고 높은 고지를 향해 올라갔다. 고지까지 거의 90°의 깎아 지르는 절벽을 타고 올라갔다. 이것은 내가 영적으로 높은 수준에 오르면서 겪을 고난들을 보여주셨다고 생각한다.

이와 비슷한 꿈을 하나님께서 두 번 꾸게 해주셨는데 당시 우리 교회 김춘곤 부목사(현재 구파발교회 담임)가 전하는 얘기에 따르면, WCC 부산 총회 전에 김삼환 목사님이 로마 바티칸을 방문한 후에 천주교 신부들을 명성교회에 초대하여 함께 성찬식을 거행하였다는 소식을 들었다.

그들은 기독교인인가, 종교인들인가? 그래서 나는 그 두 목사님을 위해 기도하지 않을 수 없다.

"주여, 한국 교회의 큰 인물로 세워주신 그들을 고치셔서 첫사랑을 회복시키고, 한국교회의 영적 지도자가 되게 해 주옵소서."

내가 WCC 부산 총회 반대 집회에서 설교할 때, 두 목사님의 실명을 거론하기가 죄송하여 두 요압 장군으로 묘사하여 그들이 가는 길에 대하여 안타까운 심정을 토로하였다.

"한국교회를 세우는데 큰 공을 세운 두 요압 장군이 있습니다. 다윗 왕국의 군사 요압이 다윗이 지명한 솔로몬을 따르지 않고 아도니야를 따라가다가 망했습니다."

나는 항상 사도 바울의 고백을 명심하고 있다.

"남에게 전파한 후에 도리어 버림이 될까 두려워하노라."

WCC 반대 연합집회/ 광주안디옥교회

WCC 반대에 동참한 숨은 일꾼들

부산의 김경철 교수, 브니엘 신학교 총장 최덕성 교수는 반대집회에 적극 동참하여 힘이 되어 주었다.

10월 13일 WCC 부산 총회를 앞두고 나학수 목사님의 주선으로 광주 겨자씨 교회에서 개최된 반대집회에 내가 설교하게 되었다. 이어 우리 광주안디옥교회에서 모인 연합집회에는 3천여명이 모였다. 그 후 서울 은혜와 진리교회(조용목 목사)와 전주 예본교회, 브니엘 신학교, 분당 기쁜 우리교회 등 많은 교회에서 WCC 반대집회 설교자로 하나님께서 사용하셨다.

11월 3일에 광주 김대중 컨벤션 센터를 계약하여 광주 연합집회를 열도록 하나님께서 역사하셨다.

한국교회를 지키는 파수자로서 이분들의 열정적인 참가와 기도가 반드시 주님께 상달되어질 줄 믿는다.

2
너는 내 앞에서
행하여 완전하라

내가 사막에서 생수를 못내겠느냐

자이레에서 사역하던 곽군용 선교사가 선교 보고차 우리 교회를 방문하였다. 하나님의 은혜로 우리 교회가 후원한 선교헌금으로 대학을 세웠는데 이제 종합대학이 되었다는 것이다.

자이레 정부가 루룸바 시에 두 개의 대학을 남기고 정리하였는데, 그 중에 우수한 대학으로 선정되어 의젓한 종합대학으로 성장되었다니 참으로 하나님께 영광 돌리며 감사할 만하다.

15년 전에 심은 헌신의 씨앗(당시 8천원만 정도의 헌금)을 통해서 하나님께서 이토록 크게 역사하심을 느끼면서 선교에 보람과 기쁨을 얻게 되었다.

그때 곽선교사는 세 가지 선교 계획을 나에게 피력하면서 후원을 요청할 때, 쾌히 승낙하였다. 그런데 바로 그 주간에 하나님께서 꿈속에서 말씀을 주셨다.

"내가 광야와 사막에서 생수를 못 내겠느냐" (사 43:19)

이튿날도 똑같은 말씀을 두 번 주셨다. 성경에서 두 번 거듭 말씀하심은 하나님께서 반드시 시행하시겠다는 뜻이다. 그 후로 나는 하나님께 시편 81편 10절의 말씀대로 입을 넓게 여는 기도를 하게 되었다.

우리 교회는 재정의 60%를 선교할 때부터 세계선교를 감당하는 교회가 되게 해달라고 기도하였는데, 더 구체적으로 100만개 교회를 달라고 요청하였다.

중국에 선교 갔을 때, 상해 시내를 통과한 적이 있었다. 그 도시는 그야말로 빌딩 숲을 이루고 있었다. 우리나라 63빌딩보다 더 높고 큰 건물들이 즐비하고, 100층도 넘는 빌딩 사이로 다니는 헤아릴 수 없는 사람들을 바라보면서 바로 그 순간 하나님께 기도 드렸다.

"하나님, 중국 인구가 14억이라는데 10분의 1은 우리교회를 통해 구원받게 하소서!"

그러고 보니 중국 인구의 10분의 1은 1억 4천 만 명이므로 상해시 인구보다 약 10배 가량의 영혼을 우리 교회에 붙여달라고 간구한 것이다.

순간 나는 마음이 헷갈렸다. 이게 나의 영혼 사랑의 뜨거운 비전인지, 영혼 구원을 가장 기뻐하시는 하나님의 마음에 합한 기도를 드리고 싶어서였는지….

왜냐하면 내가 성령에 사로잡혀 영혼 사랑에 대한 뜨거운 눈물의 사람이 되기까지는 많이 모자라다는 것을 스스로 느끼고 있기 때문이었다.

하지만 100만 교회를 개척하게 해달라는 비전과 기도는 내 마음에 가득 차 있었다. 나는 하나님의 전능하심을 믿고 있기 때문이다.

'하나님이 하시면 된다.'

이렇게 확실한 믿음이면 못 이룰 것이 있겠는가! 하지만 간혹 이런 생각이 나의 마음 속을 뚫는다. 100만 교회 비전은 나에게 과대망상일까? 그래도 나는 기도를 쉬지 않는다.

하나님께서 나에게 격려해 주시려는지 꿈속에서 내게 말씀하신다.

"너는 내 앞에서 행하여 완전하라!"

나는 하나님께 "완전이 무엇입니까?"라고 질문하였다. 그때 하나님은 나에게 고요하고도 분명하게 말씀해 주셨다.

"그것은 사랑과 진실이니라."

그러면서 사랑 테스트를 하셨다. 내가 거지 장애인을 꼭 껴안는 모습을 보여주시며 말씀하셨다.

"합격은 되었으나 100점은 아니다."

그래도 하나님은 나를 많이 봐주신 것이다.

그리고 이어서 진실 테스트를 하셨다.

1974년도에 논산 훈련소에서 남의 수통을 훔쳤던 장면을 보여주셨다. 그러나 이제는 점호 때 매를 맞더라도 수통을 훔치지 않는 모습을 보여주신다.

이것은 내가 진실한 사람으로 변화되었다는 메시지일까?

하나님은 진실테스트에서도 "합격은 되었으나 100점은 아니다."라고 말씀하셨다.

아! 하나님은 나의 영적 상태를 보시고 정확하게 알고 계셨던 것이다. 하나님은 나에게 완전한 100점, 예수님 닮기를 원하신다는 것을 분명히 알게 되었다. 매일 매일 행동을 달아보시고 그 삶의 변화가 축복의 그릇이라는 말씀이다.

완전은 사랑 하나만으로 다 되는 줄 알았는데 사랑과 진실, 두 가지라니!

"하나님, 제가 어떻게 하나님 앞에 100점을 받을 수 있겠습니까?"

나는 스스로 완전하지 못한 내 자신을 한탄하면서 마음으로 전전긍긍할 수밖에 없었다.

하나님께서 벨사살 왕에게 하나님의 손으로 쓰신 '메네 메네 데겔 우바르신'은 '저울에 달아본즉 부족함이 보였다.'는 뜻이었다. 하나님께서 벨사살 왕의 행위를 저울에 달아보듯이 내 모습을 보며 내 점수를 매기고 계셨던 것이다.

한번은 꿈속인데 전국 목회자 40~50명을 뽑아놓고 시험을 치르게 하셨다. 내 점수는 91.4라고 하신다.

"그러면 다른 목사님들 점수는요?"

하고 물으면서 옆을 보니까 다른 사람의 점수가 눈에 들어왔다. 여기서 나는 다른 목사님들의 점수를 공개할 수는 없다. 지금 내가 본 것까지도 나의 주관적인 체험일 뿐, 틀릴 수도 있기 때문이다. 말씀보다 체험을 앞세울 때 그게 신비주의가 아닌가.

나는 평소에 꿈을 자주 꾸는 편이다. 어떤 꿈은 무슨 뜻인지 전혀 모르는 경우도 있지만 신기하게도 맞는 경우가 많다.

꿈 · 환상 그리고 은사 · 말씀

양산안디옥교회가 3층 건물을 세로 얻어 개척을 하였는데 부흥이 되어 장년 출석 성도가 100여 명이 되었다. 그때 마침 교회 근처에 있는 볼링장이 경매로 나왔는데 경매가 4차까지 진행되었다.

철야기도를 하던 경매 전날에 하나님께서 꿈으로 보여주셨다. 내가 화살을 쏘는데 아주 중앙에 명중하였다.

경매에 참가하기 위해 법원에 간 동생 박영욱 목사에게 전화를 걸어, 내가 응답 받았으니 하한가 4억 5천 만 원을 쓰라고 하였다. 4차까지 진행되는 경매에는 일반적으로 하한가는 위험한 액수이다.

그러나 우리 입장에서는 1, 2차에라도 경매를 받아야 할 상황이었다. 더구나 볼링장은 중앙에 기둥이 없어서 예배당으로는 안성맞춤이었다. 결국 하한가 4억 5천 만 원에 낙찰되었다. 요즈음 시세로 25억 원 가량 되는 듯싶다. 하나님께서 하룻밤 철야기도로 20억 원의 복을 주신 것이다.

그리고 나서 하나님께서 이와 비슷한 경매에 참여할 기회를 주셨다. 이때도 동일한 꿈을 주셨다. 화살을 쏘았는데 정 중앙에 맞추었던 것이다. 결국 여기서도 10억 원 정도의 복을 얻게 해주셨다.

또 현재 예배당을 건축할 때 미리 철근 톤당 30만원으로 계약하였는데 그 해 철근 파동으로 톤당 80만원까지 육박한 적이 있었다. 결국 철근 값만 10억원 정도의 이익이 생겨 건축비를 절감케 해 주셨다.

이것은 하나님의 교회를 위해서 응답한 것이지, 내가 사적으로 돈을 벌기 위해 경매에 참여했다면 응답되지 않았을 것이다.

한 번은 하나님께서 새로 온 장로가 시험이 들었다고 하셨다. 그 날 금요일 교역자 회의에서 "모 장로님이 시험 들었다"고 하나님이 말씀해주셨다 했더니, 담당여전도사님이 그렇지 않다고 대답하였다.

"그 장로님이 시험에 들었다고요? 아니에요. 지난 주일에 나오셨거든요."

그래서 서둘러 그 장로님 댁에 심방을 했다. 가서 보니 그 장로님은 시험 들어 있었고, 그 후에 교회에 나오지 않았다.

목사는 기도해야 목회를 잘 할 수 있다. 기도로, 성령으로 충만해야 승리할 수 있다는 것을 뼈 속 깊이 체험할 수 있었다.

1996년도 전 예배당 건축 때의 일이다. 직영공사를 하는데 추석 명절이 다가왔다. 그때 자금이 많이 부족한 상태였다. 무엇보다 인부들에게 인건비를 제때에 주어야 하는데 고민이 되었다.

그 주일에 우리 교회 모 집사님이 큰 액수의 십일조를 드렸다. 알고 보니 집을 팔아 십일조를 드렸던 것이다. 내가 건축에 1억원의 돈이 꼭 필요할 때, 그 여 집사님에게 돈을 빌려달라고 하고 싶었지만 말은 못하고 기도만 하고 있었다.

추석이 코앞에 다가오고 인건비를 주지 않을 수 없게 되었을 때, 나는 그 집사님에게 전화를 걸지 않을 수 없었다. 전화를 받은 그 여 집사님은 나에게 놀라운 말을 전해주었다.

"목사님, 어젯밤 꿈에 목사님이 우리 집에 오셨어요. 배가 고프니까 밥을 달라 하여 다 먹고 없다고 하니까 꼭 밥을 먹어야 된다고 해요."

하나님은 참으로 놀라우신 분이다. 이렇게 하나님은 미리 역사해 두신 것이다. 그분은 사업하는 분이라 항상 돈이 필요한데, 우선 돌려주었다.

하나님은 나에게 꿈으로 확실하게 메시지를 주실 때도 있지만 어떤 때는 꿈과 함께 하나님의 음성을 주시기에 더 확실하다는 것을 느낀다.

하지만 하나님의 음성이 없이 꿈만으로는 희미하여 무슨 뜻인지 모를 때가 많다. 그렇기 때문에 하나님의 성령으로 정확히 해석하는 것이 중요하다. 하나님의 말씀이 분명 중요하다. 그런 만큼 간혹 꿈이나 환상을 경히 여기는 분들도 있다.

나는 개척할 때 초신자 두 가정으로, 가정집에서 예배를 드리기 시작하였다. 성도는 전혀 늘지 않고, 내가 사는 살림집은 사글세 2만 원에 살고 있는 형편에서, 개척 멤버들은 더 이상 교회를 이끌 희망을 잃고 그만하기를 원하였다.

그때 에이브러햄 링컨의 말을 생각하였다. '갈 데가 없으면 무릎으로 간다.'는 그의 말에 따라 산으로 철야기도를 다녔다.

그때에도 꿈속에서 조그만 가건물을 보여주셨다. 그 가건물을 10개월 사글세 30만원에 계약하여 성도의 가정집에서 벗어나 교회가 세워지게 되었다. 그 후로도 수많은 꿈을 주셔서 꿈 노트가 몇 권이나 되었다. 나는 지금까지 하나님의 수많은 음성을 듣고 살아왔다.

하나님이 우리에게 주신 66권의 성경은 정말 100% 정확무오의 말씀이기에 더해서도 안 되고 빼서도 안 되는 하나님의 말씀이다.

우리는 살아계신 하나님의 자녀들이다. 하나님이 자녀에게 들려주시는 음성이 없이 우리가 어떻게 하나님의 사랑을 느끼며 성령님의 인도를 받을 수 있겠는가?

성경은 하나님의 생명의 말씀으로서 "영이요 생명"이다. 때로는 꿈속에서 어떤 장면을 보여주시고 음성까지 함께 들려주신다.

꿈이나 환상으로 들려지는 음성이 하나님의 성경 말씀에서 벗어난다면 그것은 하나님의 음성이 아니라 내 마음의 소리일 수가 있다. 그래서 꿈, 환상의 인도만 받으려 한다면 신비주의가 되어 위험하다.

하나님의 말씀인 성경에 하나님의 뜻이 나와 있으니 보여주고 들려주는 것이 없어도 믿고 그대로 사는 것이 중요하다.

길이요 진리인 말씀에서 벗어나면 마치 기차가 레일을 벗어나면 전복되는 것처럼 하나님께서 무섭게 솔로몬에게 하신 것과 같이 경고음으로 꿈속에서 책망하실 때가 있다.

그러나 하나님을 기쁘시게 하는 삶을 살면 꿈속에서도 칭찬하신다. 하나님께서는 그 분의 말씀대로 살도록 성령의 음성과 더불어 꿈과 환상을 주시는 것이다.

우리 신앙생활에서 가장 중요한 것은 말씀을 듣고 순종하는 것이다. 꿈이나 환상을 보고, 또 은사가 많이 나타난다고 해서 신령한 자나 영적으로 성숙한 자라고 생각하면 착각이다. 말씀을 통해 내적인 변화가 오고 영적으로 성숙하게 되면 주님을 닮은 삶, 십자가를 지는 삶이 자연스럽게 이루어질 것이다.

우리교회에 유명한 목회자, 은사자를 초청하여 집회를 자주 가져 보았다. 그러나 은사를 받은 자에게서 인격의 변화가 없는 경우를 많이 보았다.

은사자들이 진실하지 못하고 자기 유익을 구하며 성령의 열매를 맺지 못하는 이유를 생각해 보았다. 은사는 외적인 것이며 열매는 내적인 것이기 때문이다.

하나님의 은사자들 가운데 많은 사람들이 하나님이 자기를 특별히 사랑하여 은사를 주신 것으로 착각하고 있다는 사실이다.

사실 은사는 일시적으로 피어나는 나뭇잎과 같다. 나뭇잎이 낙엽이 되어 떨어질 때가 있는 것처럼 은사 역시 하나님께서 거두어 가실 때가 있다. 그러므로 언제까지나 자기 독점물로 생각한다면 그것은 교만으로 가는 지름길이 된다.

"나더러 주여 주여 하는 자마다 다 천국에 들어갈 것이 아니요 다만 하늘에 계신 내 아버지의 뜻대로 행하는 자라야 들어가리라" (마 7:21)

그럼에도 불구하고 하나님의 사역에서 은사는 반드시 필요하다. 나뭇잎이 없는 열매는 불가능한 것과 같은 이치다. 은사를 활용하여 열매를 맺는데 그 과정은 십자가의 죽음을 통해서다.

"그리스도 예수의 사람들은 육체와 함께 그 정욕과 탐심을 십자가에 못 박았느니라" (갈 5:24)

육신이 죽으면 내면이 살고 변화된다. 육신을 십자가에 못 박으면 인격적인 삶의 향기가 나고 열매를 맺는 것이다.

변화는 진리의 말씀의 몫이다. 말씀이 검이 되어 영과 혼과, 관절과 골수를 찔러 쪼개고 애통하고 회개하여 내 죄성과 육성을 뽑아낸 만큼 나는 거룩하고 순전한 사람이 되어진다. 거룩한 삶으로 변화된 자만이 주님과 동행하므로 복된 인생이 되는 것이다.

꿈이나 환상의 역할은 무엇일까? 우리가 하나님의 뜻, 말씀에서 벗어났을 때, 그리고 그것을 깨닫지 못했을 때, 하나님의 뜻대로 살도록 인도하는 것이다. 그러므로 꿈이나 환상이 결코 하나님의 말씀을 대체할 수는 없다.

은사에 치우치면 보이는 현상을 중요시하므로 보이지 않는 하나님의 말씀은 소홀히 하기 쉽다. 고린도 교회는 은사가 풍부하였다. 그러나 교회 가운데 시기와 분쟁이 있으므로 신령한 자가 못되고 육신에 속한 자라고 하였다.

하나님의 말씀이 내 안에 들어오면 생명이 되어 내 영혼을 소생시킨다. 그러면 말씀을 통해 나를 사랑하시는 하나님의 사랑을 느끼게 된다. 이 하나님의 사랑 가운데 우리는 예수 그리스도의 심장을 갖게 되어 진정으로 형제를 사랑하는 마음과 힘이 생긴다. 이것이 곧 내면의 변화이며 영성이다.

내면의 변화가 이루어진 사람, 즉 영성의 사람은 하나님께서 꿈으로 보여 주지 않아도 하나님의 뜻대로 살고 있는 것이다. 이런 사람은 에녹처럼 하나님과 동행하는 삶을 살고 있어서 하루하루가 행복과 기쁨이 충만하다.

자연을 보며 하나님의 솜씨를 찬양하고 하나님의 살아계심을 경험하며 매일의 삶이 의와 평강과 희락의 천국을 누리는 삶이 되는 것이다.

에녹은 죽음을 보지 않고 옮겨졌는데 이것은 하나님과 동행한 삶의 결과였다. '노아는 당대에 의인이라.' 그 시대에 하나님이 보실때 의인이었고, 그 노아를 통해서 방주를 만들도록 하셨다.

창세기 17장에서 아브라함에게 "완전하라!"고 하신 것은 99세 때 아들을 주기 전에 마지막 점검이셨다. 부족한 나에게 하나님의 계획이 있으시기에 "완전하라!"고 하셨고, "완전이란 무엇입니까?"라는 나의 질문에 "그것은 사랑과 진실이다."라고 대답하셨다. "완전하라"는 것은 그릇이 되어야 하나님께서 쓰실 수 있다는 것이다.

욥은 "인간이 무엇이기에 분초마다 시험하시나이까?"라고 하나님께 질문하였다. 하나님께서 쓰시기 위하여 그릇을 만드는데 그렇게 세심하신 것이다.

모세는 40년, 아브라함은 25년, 야곱은 20년, 요셉은 13년, 다윗은 40년이란 긴 세월동안 연단을 시키셨다. 하나님께서는 고난의 대학교를 통해서 우리의 자아를 깨뜨리고 영적인 사람으로 만드신다.

"제가 부목사로 섬길 테니 저희 교회 담임목사가 되어주세요"

나는 꿈의 사람이어선지 좀 이상한 데가 있다. 나보다 위대한 사람을 보면, 그만 반해버린다. 서울에서 개척하신 40대 초반의 목사님이 있었다. 내가 보기에 그는 영권을 가지고 있어서 개척한 후 짧은 기간에, 장년이 200여명이 모이는 교회로 성장하고 있었다.

성도들 가운데 3분의 1 정도인 70여명이 목사, 전도사들이었는데 어떤 이유인지 모르지만, 그들이 목회를 중단하고 그 목사님에게 와서 목회를 배우고 있는 사람들이었다. 그만큼 영적 파워가 있는 분이었다.

신학교도 직접 운영하고 있었고 신학생이 200명이며, 본인은 세 분야의 박사학위를 소지하고 자유롭게 구사할 수 있는 외국어만도 5~6개가 되어 통역도 번역도 탁월하게 할 수 있는 분이었다.

본인의 말에 의하면 앉은뱅이를 일으켰고, 성령으로 예언하는 은사도 있었다. 나는 그 분을 우리 교회에 초청하여 부흥회를 했고, 광주에서도 우리 교회보다 더 큰 두 곳 교회에서 부흥회를 인도하여 나의 선망을 받기에 충분하였다.

그때에 나는 꿈이 있었다. 우리 광주안디옥교회를 크게 성장시켜 세계 선교를 감당하는 교회가 되는 꿈이었다. 이 꿈을 이루기 위해서는 나보다 이 목사님이 훨씬 적격자라는 생각에 이르렀다. 나는 그분에 비하면 영적으로 초라하기 이를 데 없었고 발 벗고 쫓아갈 수도 없는 분이었다. 기도하면서 생각해 보았다.

'무능한 내가 꼭 광주안디옥교회 담임으로 있어야 되는가? 저 목사님을 우리교회 당회장으로 모시면 우리 교회가 정말 크게 성장하여 세계적인 교회가 되고, 세계선교하면 얼마나 좋을까?'

'박 목사! 네가 개척했다고 네 교회냐? 하나님의 교회지! 너는 당회장 자리를 그 훌륭한 목사님께 내어드리고, 왜 그 밑에서 순종 잘하는 부목사가 못 되느냐?'

나는 계속 내 자신에게 질문을 던졌다. 기도하며 고민하다가 드디어 결심하였다.

"하나님, 제가 마음 비우고 저 분을 우리교회 당회장으로 모시겠습니다."

그리고 그에게 나의 진심어린 마음을 전하였다.

"목사님이 우리교회 담임목사로 오세요. 제가 부목사로 섬기겠습니다."

그 목사님의 대답은 No였다. 그때 서울에서 3,000명 모이는 교회에서 오시라고 접촉 중이란다. 내가 거절당한 것이다.

그 당시 우리 교회는 광주에서 급성장한 교회로 소문이 났고, 장년 출석 성도가 1,000명이 넘을 때이며, 3,000여 평의 부지에 1,200평의 예배당을 건축한 교회였고, 나이도 50대 초반이어서 우리 성도들이 보기에도 대 교회로 성장할 소망이 있었다.

목회를 잘 하여 크고 아름다운 교회를 이루고 싶지 않은 자 누구랴? 성장하는 교회, 존경 받는 목사 자리를 차지하고 싶지 않은 목사가 누가 있겠는가? 소명 받고 주님 사랑하며 십자가의 피와 사랑에 감사 감격하여, '멸시 천대 십자가는 내가 지고 가오리다.' 하지 않을 목사가 누가 있겠는가?

그런데 막상 목회 현장은 그리 만만치가 않다. 결코 가볍고 쉽고 재미있고 행복한 사역이 아니다. 먼저 내 자신이 거룩함으로 변화되지 않는다면 마귀가 날마다 우는 사자처럼 나를 삼키려한다. 더구나 현대 교인들은 점점 순수성을 잃어가고 세상 적으로 너무 영리하다.

요즈음 개척교회 하는 목사님들을 보면, '하나님, 어떻게 해요?' 하며 처절하게 부르짖고 있다. 한국교회의 날개가 떨어져 추락하고 있는데, 그 와중에서 얼마나 힘이 들까? 이런 생각을 하면서 나 자신과 대화를 한다.

'내가 지금 개척교회 한다면 잘 될까? 1980년대에 개척했기에 이 정도 되었지. 이제 누구를 판단하랴!'

훌륭한 영권을 가진 목사를 만나면 내가 부목사로서 섬기고 싶은 마음은 하나님께서 주신 것이다. 이런 글을 써서 겸손을 가장하는 목사라면 나는 타락한 종일 것이다.

"하나님, 천국 갈 때까지 남을 나보다 더 낮게 여기는 겸손을 주소서! 주님 은혜 떠나면 난 변질된 인간일 수밖에 없습니다."

90년대 초에도 나 자신과 싸운 적이 있다. 나를 영적으로 지도한 훌륭한 목사님이 같은 지역 광주에서 상가 건물을 세로 얻어 개척하였는데 장년 성도가 400~500명이었다. 당시 나는 200여 평의 교회 건물이 있고 장년 500여 명이 모인 교회였다. 더하여 470평의 대지를 더 가지고 있었다.

나는 이 두 교회가 합쳤으면 좋겠다고 생각하였다. 이 두 교회가 합하면 1,000여 명이 모이는 교회에 부지까지 있으니 광주에서 성령 운동하는 교회로 크게 성장하게 된다면 하나님이 얼마나 기뻐하실까? 내가 마음을 비우고 그 목사님 교회의 부목사가 되어 하나가 되어야 하나?

그 당시에 나는 40대 초반이어서 나름대로 큰 교회의 꿈을 가지고 있었다. 그런데 그 목사님은 말씀도 좋고, 능력도 나타나서 많은 병자를 고치고, 게다가 미남이고 찬양도 잘 하고 팔방미인이신데 나는 모든 것이 부족하다고 생각하고 있었다.

내가 주님 사랑한다면 왜 마음을 비우지 못할까? 고민하다가 결정을 못하고 시간이 지났는데 그 후에 그 교회가 시한부 종말론에 빠져 1992년 10월 28일 흰옷 입고 휴거를 기다리는 교회로 오점을 남기게 되었다.

'내가 합하지 않기를 잘했구나!' 이다지도 미련한 목사였는데 하나님의 은혜로 지금까지 지켜 주셨다는 것을 고백하지 않을 수 없다.

제2의 종교개혁이 일어나야 될거야!

신성종 목사님의 저서《내가 본 천국과 지옥》이란 책이 있다. 이 책에 대해 찬반의 의견이 있는 것으로 안다. 그는 대교회로 알려진 충현교회 담임 목사였고, 신학 교수로서 저서만도 60여권이 넘는다. 지성과 영성을 갖춘 분이란 것은 누구도 부인하지 못할 것이다.

대부분 천국과 지옥의 체험을 하신 분들이 신령파, 기도파들인데 이 분은 목회자요 신학자이다. 그 책을 보면 저자가 사람들의 비평을 의식하여 조심스럽게 표현하는 것이 눈에 띤다. 전체 내용으로 보아 조금도 틀림이 없는 하나님의 역사라는 것을 나는 믿었다.

수년 전에 우리 교회에서 부흥회에 초청하여 식사하러 식당에 앉았는데 그 자리에서 그분으로부터 매우 충격적인 말을 듣게 되었다.

"상이 없어! 내가 충현교회 담임을 하고, 군선교도 많이 하고, 많이 구제하고 세례도 수 천 명 주었는데 나에게 상이 없어!"

언뜻 들으면 자신의 공로에 비해 상이 거의 없다는 부정적인 표현처럼 들린다. 그렇게 많이 하나님께 충성했는데도 불구하고 상이 없다면 큰 교회 목사님에게 어떤 문제가 있기 때문이라는 것을 암시해 주는 말이다.

누구나 부러워하는 수 만 명의 큰 교회 담임목사에게 상이 없다면 누가 천국에서 상을 받는단 말인가? 그의 책에 의하면 예수님 주위에 12층이 있는데, 제일 앞쪽이 순교자, 둘째 줄에 농어촌교회 목사와 개척교회 목사들이 있다는 내용이 기억난다. 물론 이들은 주님만을 사랑하고 영혼구원을 위해 십자가를 지는 자일 것이다.

'큰 교회 목사들이 지옥 가는 이유' 여섯 가지가 책에 나와 있었다. 나는 엄청난 충격을 받고 그 여섯 가지 이유를 크게 확대하여 강대상 위에 놓았다. 그 여섯 가지 이유는 다음과 같다.

(1) 문제는 그들이 주님의 모든 영광을 가로챘다.
(2) 교인들에게 축복해 준다는 빌미로 그들에게서 많은 재물을 착취하였다.
(3) 필요 이상으로 호화롭게 살았다.
(4) 주변의 수많은 가난한 사람들과 고난당하는 사람들을 외면했다.
(5) 교인들에게 진정한 비전을 주지 않고 세상에서의 번영만을 설교하였다.
(6) 그들의 행함의 근본 이유가 자신들의 탐욕에 있었기 때문이다.

이 말이 옳다고 생각한다. 지식 많은 똑똑한 목사들은 여기에 이론이 있고, 반론도 있을 것이다. 나는 그들의 이론에 논리적으로 대항하고 싶지 않다. 목사들은 일반적으로 자기주장이 강하여 바꾸어지기 힘들다는 사실을 나는 잘 알고 있다. 신학의 고정관념에 사로잡혀 있어서 예수님 당시 종교지도자, 바리새인, 서기관, 제사장처럼 예수님까지도 이겨 버리기 때문이다.

"나의 사랑하는 자들아… 항상 복종하여 두렵고 떨림으로 너희 구원을 이루라." (빌 2:12)

가브리엘 천사장이 "제2의 종교개혁이 일어나야 될 거야!"라고 말했다고 한다. 신 목사님은 어떻게 제2의 종교개혁이 일어날 것인가 생각하는 것 같다.

사도행전의 초대 교회의 모습을 우리는 잘 안다. 예수님의 12사도 외에 많은 제자들은 예수님 십자가 피의 사랑에 감사하여 주님을 위해 죽도록 충성하며 순교의 제물이 된 것을 영광으로 생각하였다. 그들이 그리스도의 생명의 능력으로 밀알이 되었을 때 당당한 위세로 세계를 지배하던 로마가 기독교 국가로 바꾸어졌다.

그러나 그 후 진정한 회개 없는 교회는 세속화되고 빛과 소금의 기능을 잃어버렸다. 중세 암흑기의 가톨릭 시대를 지나서 하나님의 은혜로 루터, 칼빈의 개혁으로 말씀 중심의 개신교가 탄생되었지만 오늘날 하나님이 원하시는 교회는 얼마나 될까?

목사들은 처음에 오직 주님만 사랑하여 충성했기 때문에 하나님의 은혜로 대형교회를 이루게 된 것이다. 그분들의 헌신, 노력, 능력은 인정해야 된다. 누구나 그런 교회를 이루고 싶지만 정말 교회 성장처럼 어려운 것이 없다. 오직 하나님의 은혜로만 가능하다.

우리나라 대형교회 대부분의 목사님들을 나는 존경한다. 하지만 초대형교회가 되면 사울 왕의 전철에서 벗어나기란 쉽지 않다. 물론 끝까지 순종하시는 분들도 있다. 그런데 정말 순수하게 주님을 사랑하던 초심의 마음을 지키기가 너무 어려운 것이다. 왜냐하면 인기, 명예, 권세 모든 것이 따라오기 때문이다. 여기서 변질이 생기게 되는 것이다.

이 대형교회 지도자들이 변질되는 데에 대처할 수 있는 제도적 장치가 과연 있는가? 무슨 방법이 있지 않을까? 하나님께로부터 지혜를 구해야겠다.

중국에 선교 가서 삼자 교회를 돌아본 적이 있었다. 그 교회에는 2~3명의 당회장이 있었다. 그들은 돌아가면서 설교를 한다. 국가 종교국이 교회 실권을 쥐고 있는데 사실상 교회 실권은 종교국 직원과 직통인 장로가 쥐고 있었다.

그래서 큰 교회 담임목사지만 실권이 없는 것을 보았는데 이것은 주님 원하시는 교회는 아니라고 생각한다. 모든 목회자가 고민해야 할 것은, 종교개혁이 어떻게 이루어져서 교회의 본질을 회복할 것이냐 하는 것이다.

예수님 당시 종교지도자들이 예수님을 대적하였다. 지금도 교권주의자들이 예수님을 대적하는 경우가 많다. 정말 가슴이 미어진다. 그리고 순수 복음 전도자라도 총회와 노회에서 이단으로 정죄하면 이단으로 확정되어 고립되고 만다.

물론 사이비 교회도 있으니까 철저한 조사를 거쳐 가려내야 하지만 이런 일에 정치적인 흥정도 있다는 것이다. 지금 시대도 사사시대 같아서 자기 소견에 옳은 대로 행하고 있다. 하나님의 말씀으로 돌아가야 된다. 성경말씀이 진리이고, 진리는 예수그리스도이시다.

정말 내 가슴이 십자가 피의 사랑에 젖어서 예수님 사랑하며 성령의 감동으로 인도받고 있는가? 주님과 깊은 교제가 있는가? 하나님의 방법으로 자녀의 삶을 살고 있는가?

나는 한 때 성 프란시스를 닮고 싶어서《프란시스의 생애》를 15번 이상 읽고, 책을 읽으면서 많이 울었다.

'나는 왜 그렇게 못 살까?' 하며 흉내 내고 싶어서, 노숙자들과 가까이 지내며 사랑을 주어 보았다. 교도소 선교 다니면서 사랑을 외치니까, 출소자들이 찾아와 도와 달라고 한다. 그런 분들과 함께 살아 보고 싶어서 하루 저녁은 마음먹고 내 방으로 오라하여 같이 잠을 자려고 했는데 거절을 한다. 내게 진실이 없었던 모양이다.

그때 아내는 교도소 출소한 사람, 노숙자와 함께 자려고 하니까 "당신 없을 때 그 남자를 내가 어떻게 하라고 그러는가요?"라고 반문하는 것이었다.

'아차! 이것은 가정을 가진 사람으로서, 정말 지혜롭게 해야지

안 되는구나.'

그래서 '나는 그런 은사가 없구나.' 하고 포기하고 말았다. 이런 일을 누가 한다고 따라하는 영웅심이 아니라 내 마음에 저들을 사랑하는 뜨거운 마음이 있으면 얼마나 좋으랴!

한국 교회 개혁의 길이 없는가? 마음을 비우고 예수님처럼, 바울처럼 사는 길 외에 무엇이 있겠는가? 이것도 하나님의 은혜로만 가능하리라.

목회자들이 십자가의 복음 앞에서 성령님의 은혜로 거꾸러져 애통하고 회개하는 길 밖에 없다. 내 자신부터 가슴을 치면서 깨뜨려지는 길 밖에 없다. 더 낮은 자세로 사랑하는 길 외에는 다른 방법이 없다. 어떤 법으로 조직한다고 하면 그 자체가 올무가 되고 성령님께서 일하실 수 없을 것이다.

"오 주여, 한국 교회를 긍휼히 여겨 주소서."

"우리의 죄를 용서해 주셔서 성령님의 은혜가 충만하여 진정한 예수님 생명운동, 복음운동, 사랑운동이 넘치게 해주소서."

"하나님, 저를 폐기처분 하지 마시고 깨뜨리셔서 사용하여 주소서!"

금식 하라!

2006년 12월 말에 꿈속에서 하나님은 나에게 '금식하라!'고 하셨다. 3일 금식한 지 한 달도 안 되었기에 "3일만 금식하겠습니다." 라고 말씀드렸더니, "6일간 해라!"고 하셨다. 6일간 금식한 후에 하나님께서 세 가지를 보여주셨다.

(1) 쌀을 산더미처럼 주시고 금은보화도 주셨다 : 육의 복으로, 물질의 복으로 해석하였다.
(2) 전국에서 스타를 뽑는데 내가 스타 중에 스타로 뽑혔다 : 혼의 복으로 이름이 알려진다는 뜻으로 생각되었다.
(3) 적군을 진멸할 대포를 주셨다 : 영의 복으로 성령의 권능을 주신다는 뜻으로 해석하였다.

나는 이 꿈을 육과 혼과 영의 세 가지 축복으로 받아 들였는데 이 모든 것은 하나님의 약속으로서 하나님 보실 때 내가 합격된 그릇이 되면 이같이 이루어주실 것을 믿는다.

이 꿈을 꾼 후, 일 년 가량 지난 후 하나님께서 나에게 14~21일 (2주간에서 3주간) 사이로 금식하라고 지시하셨다. 40일 금식하는 분들을 보면 정말 대단하다는 생각을 한다.

"하나님, 저는 금식에 약합니다."

나는 일주일 금식도 너무 힘이 들어 금식 3일째 되면 거의 누워 있는 경우가 많다. 금식기간 저녁에는 잠을 잘 못자는 경우가 많아서 철야기도가 내 적성에 맞는 것 같다.

"하나님, 젊어서도 겨우 10일 금식을 했는데 1주일로 줄여주세요. 1주일 마치는 날, 응답이 없으면 14일 하겠습니다."

나는 하나님께 말씀 드리고 금식기도를 시작하였다. 정확히 일주일 되는 날 아침에 하나님께서 "네가 온전히 순종하였으므로 복을 주리라."고 하셨다.

하나님은 정말 은혜의 하나님이시다. 분명히 14일의 절반 1주일 금식하였는데 '온전히'란 단어로 순종했다고 하셨다.

하나님은 순종을 기뻐하신다. 사실 순종한다는 것은 내 생각, 이론을 파하고 그리스도께 복종하고 혼, 자아가 깨어져야만 되는 것이기에 하나님이 기뻐하신다. 내 영이 내 혼을 다스리는 삶은 곧 혼, 자아가 깨뜨려져야만 가능하기 때문이다.

이 자아를 깨뜨리는데 하나님께서는 고난의 대학을 통해서 깨뜨리신다. 그래서 다윗은 "고난이 내게 유익이라. 이로 인해 주의 율례를 배우게 되었나이다"라고 고백한 것이다. 나는 실수와 허물이 너무 많은 사람이어서 하나님께서 내 자아를 깨뜨리시고 수많은 연단과 훈련을 하셨다.

광야대학교의 한 학생의 고백이다.

"저는 광야 대학교 고생과에 다니고 있어요. 나는 아직도 이 학교에 다니고 있습니다. 성적이 별로 좋지 못해서 입학한지 오래되었지만 아직 졸업을 못하고 있는 형편이지요. 총장님은 하나님이시며 대충 넘어가시는 일이 절대 없으신 분이십니다. 그래서 컨닝하는 것도 불가능하고, 시험 볼 때에도 누군가의 도움을 받을 수도 없습니다.

교과목은 기다리는 훈련, 포기하는 훈련, 깨어지는 훈련, 내려놓는 훈련, 순종하는 훈련, 하나님만 바라보고 위로부터 내려 주시는 능력만으로 살아가는 훈련입니다.

학비가 비싸냐고요?

네! 많이 비싼 편입니다. 내 인생을 모두 걸어야 할 정도니까요. 때로는 목숨까지도 내어놓아야 하니 결코 싸다고 할 수 없습니다.

지금 내가 배우고 있는 과목은 버리기입니다. 내 욕심, 내 고집, 내 생각도, 인간적인 모든 수단 방법도 버려야만 합니다.

그런데 나는 매일 낙제를 해서 이렇게 졸업을 하지 못하고 있습니다. 이번에는 반드시 합격하리라 결심을 하고 도전해 보고 있습니다. 합격하는 자에게는 졸업선물이 주어지겠지요. 소망, 기쁨, 문제 해결이라는 은혜의 선물이 주어집니다. 나는 그 선물을 받고 싶어요.

고생과를 졸업하고 헌신과에 들어가서 새로운 삶을 살았으면 좋겠습니다.

하나님, 한 눈만 살짝 감아주세요.

졸업할 수 있도록 도와주세요.

이번 시험에는 꼭 합격할 수 있도록 제발 도와주세요.

헌신과, 충성과에 들어가고 싶습니다.

하나님 도와주세요."

사도바울의 목회 길을 따라

나는 목회 42년째다. 지나간 세월을 생각해 보면 어리석고 미련한 것, 실수와 잘못이 너무 많아 하나님께 항상 죄송한 마음이 든다. 내가 좀 더 영으로써 몸의 행실을 죽이는 삶이 되었다면 얼마나 좋았을까? 항상 아쉽기만 하다.

내가 진심으로 하나님을 사랑하고 감사한 것은 나를 버리지 않으시고 고쳐서 만들어 쓰시는 하나님의 자비하심이다. 사업에 망하고, 월세 2만 원짜리 방에서 살면서 매달 신속히 다가오는 월세 걱정, 쌀 걱정하는 처지지만 반드시 목회에 성공하리라. 그러기 위해 능력을 받아야 된다 생각하고 100일 철야를 작정하였다.

1982년도 1월 31일 추운 겨울날, 철야기도 100일을 마쳤지만, 하루도 쉬지 않고 2월 1일 부터 3월 신학대학교에 들어가기까지 매일 산으로 철야를 다녔다. 100일이란 날자가 중요하지 않았기 때문이다.

대형교회를 이루는 것이 내 꿈이요 인생의 목표 같았다. 목회 성공을 위해서 누구보다 노력한 것 같다. 이제는 예수님의 심장을 가지고 은혜의 복음을 전하면서 사는 참 목사가 되도록 노력하고 있다.

사도 바울의 목회는 눈물과 겸손이었다. 그에게 십자가 피의 복음이 있었다. 바울은 복음을 전파하면서 생명도 아끼지 않고 하나님의 사랑에 감동되어 매 맞고 피투성이 몸으로 감옥에서 찬미할 때 옥 터가 움직이고 지진이 나서 착고가 풀리는 하나님의 역사를 경험하였다.

사도바울은 하나님과 동행하여 모든 어려움을 다 이겼는데…. 사도 바울의 삶과 비교하면 나는 정말 부끄럽다. 나의 어리석은 말과 행동 등을 생각하면 인격적으로 미성숙이다.

내가 하나님이라면 나 같은 벌레만도 못한 인간을 진즉 밟아 죽여 버렸으리라! 하나님의 은혜로 끝까지 참고 기다려주신 은혜, 무엇으로 표현할 수 없다.

20여 년 전에 우리나라 여 목회자 회장을 지냈던 목사님에게 하나님이 이런 말을 하셨다고 한다.

"저 박 목사가 나보다 교회 부흥을 더 좋아한단다."

나는 정말 부흥을 좋아한다.

"여호와여 금생에서 저희 분깃을 받은 세상 사람에게서 나를 주의 손
으로 구하소서 그는 주의 재물로 배를 채우심을 입고 자녀로 만족하
고 그 남은 산업을 그 어린 아이들에게 유전하는 자니이다. 나는 의로
운 중에 주의 얼굴을 보리니 깰 때에 주의 형상으로 만족하리이다."
(시 17:14~15)

머리카락이 네 기도다

금발의 머리카락이 휘날리며 저 쪽으로 날아가더니 순간 황금 말
로 바뀌어졌다. 이 지상에서는 볼 수 없는 빛나는 황금 말이었다. 그
때 한 음성이 들려왔다.

"저 머리카락이 네 기도다."

나는 별 능력이 없는 사람이어서 엎드려 많이 기도하는 것이 목
회의 기본이 되었다. 이것은 오직 하나님의 은혜라고 할 수 밖에 없
다. 그 머리카락 같이 많은 기도가 황금 말로 바뀌어졌다. 이 황금
말은 천군 천사라는 생각이 든다.

"또 여호와께서 예루살렘을 세워 세상에서 찬송을 받게 하시기까지
그로 쉬지 못하시게 하라." (사 62:7)

이 꿈 해석은 우리의 기도를 통해 성령님께서 역사하시고, 성령

님의 역사로 천군 천사가 움직여서 일하신다는 뜻이다.

> "일을 행하는 여호와, 그것을 지어 성취하는 여호와, 그 이름을 여호와라 하는 자가 이같이 이르노라. 너는 내게 부르짖으라 내가 네게 응답하겠고 네가 알지 못하는 크고 비밀한 일을 네게 보이리라."
> (렘 33:2~3)

한번은 8월 첫째 주가 휴가 주간으로 철야예배 숫자도 적고 무더운 날씨에 12시 철야예배를 인도하려니까 마음이 식어지고 좀 하기 싫어졌다. 내 뼈를 강단에 묻겠노라고, 일평생 철야기도 하겠다고 다짐했던 내 자신이 무너지고 있는 모습에 애통해 하면서 부르짖고 울었다.

"나는 연약합니다. 내 결심이 흔들릴 때 하나님, 나를 붙잡고 나를 도와주소서!"

철야기도는 하나님과 깊은 만남의 밤이다. 사랑의 언어로 속삭이는 감사의 밤, 기쁨의 밤, 행복의 밤으로 하나님이 나를 꼭 껴안은 사랑이면 얼마나 복된 사람이랴.

우리가 철야기도, 금식 기도 등 여러 가지 기도라는 통로를 통하여 하나님과 깊은 만남의 교제를 갖는 것이 목표가 되어야 한다. 짧은 시간의 기도라도 주님과 심장을 통하는 깊은 시간이면 족하다. 물론 긴 시간이면 더 중요하겠지만….

연애할 때 공원 벤치에 앉아서 가슴에 불타는 사랑의 고백도 없이 오랫동안 서로 무덤덤하게 앉아 있으면 아무리 오랜 시간 앉아 있었다고 해도 무슨 의미가 있겠는가?

우리 예수님은 기도할 때 중언부언하지 말라고 하신다. 이 말은 같은 말을 반복하지 말라는 뜻이 아니라 별 생각 없이, 마음이 없이 지껄이지 말라는 뜻이다.

좀 더 생각해 보면 우리의 신앙생활이 하나님을 사랑하며 감사와 기쁨과 행복의 삶이어야 하는데, 하늘의 기쁨도 위로도 평강도 없이 그저 무미건조한 삶을 산다면 무슨 유익이 있겠는가!

이렇게 믿는다고 하면서도 감사와 기쁨이 없는 사람일수록, 오히려 외적 형식을 더 중요하게 생각하고 외적 신분이나 전통을 더 중시하고 자랑한다.

나는 보수 교단에 속해 있다. 하나님의 말씀대로 사는 것이 보수인데, 내 교단이 보수라고 해서 내 신앙이 보수가 되는 것은 아니다. 많은 분들이 여기서 착각을 하고 있다.

예수님은 이 돌을 가지고 아브라함의 자손을 만들 수 있다고 하셨다. 이것은 아브라함 자손이라는 혈통에 의지하는 것이 중요한 것이 아니라, 그 혈통을 가진 자로서 부끄럽지 않는 아름다운 삶을 살아야 한다.

주님이 원하시는 삶은 내 중심을 다해 하나님을 사랑하고, 이웃을 사랑하면서 말씀대로 사는 것이다. 이런 삶 자체도 하나님의 은혜가 없으면 불가능하다.

오늘날 교회들은 보혈 찬송을 많이 불러야 한다. 청년세대들이 경배 찬양만 부르고 보혈 찬송을 부르지 않는 교회는, 영적으로 큰 손해를 보고 있는데 이 중요한 사실을 모르고 있다.

어느 날, 귀신 들린 자로부터 귀신을 쫓으면서 사도신경을 따라 하도록 했는데 귀신이 "십자가에 못 박혀 안돌아 가시고"라고 말한다. 마귀가 제일 싫어하는 것은 예수 그리스도의 피 뿌림이다.

나는 영의 사람인가, 혼의 사람인가?

야곱은 하나님의 선택으로 하나님의 손에 의해 처리된 사람이다. 야곱은 고난의 훈련을 통해 자아가 깨진 사람의 모형이다. 그는 바로 왕을 축복할 때 험악한 세월을 보냈다고 고백하였다.

그의 12아들을 위한 축복기도는 자기 생각이 아니라 하나님께서 역사하시도록 간구한 것이었다. 그 축복 기도는 간구한 대로 이루어졌다. 자기 손자들을 위하여 축복 기도할 때, 눈이 어두운 상태에서도 오른 손은 에브라임, 왼손은 장자 므낫세에게 손을 얹었고, 결국 예언대로 에브라임 지파가 더 번성하였다. 야곱이 기도한 대로 되었다는 것은 그가 영적인 사람이라는 것을 증명한다.

많은 목회자를 만나면서 하나님의 은혜로 느낀 것이 있는데 야곱 같은 라이프 스타일(life style)이 있고, 에서 같은 라이프 스타일이 있다는 것이다. 에서는 남자답고 활 쏘는 사냥꾼으로 활동적이며 멋있는 인생 같다. 들로 돌아다니기를 좋아하는 에서, 그러나 하나님과 깊은 만남이나 모습은 볼 수 없다.

그런데 야곱은 정적인 사람으로서 가정에서 어머니 곁에 있는 조용한 사색의 사람이었다. 목회자들 중에서 하나님과 깊은 만남의 교제가 없다면 당연히 에서 스타일 일 수밖에 없다. 이런 사람은 차분하게 앉아 성경 읽고 기도하고 책을 읽는 즐거움 보다는 여행을 좋아하는 스타일이다.

에서 스타일은 활동적이고 사나이 같은 기질의 사람인데 실제 영적 열매는 빈약하다. 왜냐하면 하나님과 깊은 교제가 없기 때문에 예수 그리스도의 심장을 갖지 못하고 가만히 앉아 있으면 좀이 쑤셔서 돌아다니는 성격이다.

하나님의 은혜의 집에서 조용히 하나님의 말씀을 읽는 시간이 즐겁고, 기도 시간이 행복하고, 설교 준비가 즐겁고, 심방과 성도와의 만남을 통해서 주님이 주신 은혜를 나누면서 행복하게 목회하는 사람이 되어야 하는데, 이런 일 자체에서 기쁨과 행복이 없는 사람은 에서 체질이다.

목사는 하나님 앞에서 양들을 푸른 초장(신령한 말씀)과 쉴만한 물가(성령의 생수)로 인도하여 영혼을 소생시켜야 한다. 우리 인간이 누구를 변화시킨다고 생각하는 것 자체가 교만이다. 내가 천사의 말을 해도 설교로 변화시킬 수 없다는 것을 목사들이 알아야 되겠다.

성령님께서 역사하실 때 말씀이 검이 되어 회개하게 하고, 애통하게 한다. 내가 밀알 되어 깨어지고 죽어지며 애통할 때 하나님의 성령님이 역사하시고 변화를 준다. 그러나 대부분 개가 토한 것을 다시 먹듯이 본래로 돌아간다.

장로님들이 변하지 않아서 가슴 아파 괴로워 하다가 목사님들이 혈압으로 쓰러져 눕는 경우가 있다. 당회가 지옥이 되는 경우가 많다. 인간의 생각으로 안수집사 때 충성하는 모습을 보고 장로로 세웠다가 가슴 아픈 일이 생기는 경우가 허다하다.

그래서 이런 가슴 아픈 일들을 경험한 목사는 충고하기를, 사람은 변하지 않으니 사람을 잘 보고 세우라고 한다. 사람이 변하지 않는다면 복음의 능력은 어디에 있단 말인가? 사실 내 자신도 정말 바꾸어지기 어렵다.

2013년 12월, 어느 수요일 밤 예배 때 나는 설교하다가 쓰러졌다. 하루 전날 몸이 불편한 상태에서 심방을 강행하고, 저녁에 교구 모임에 참여하고, 입맛까지 없어서 먹지 못한 상태로 설교를 시작하여 20여분 남짓 설교하였을 때 어지럼증이 왔다. 큰일 났다고 생각하고 설교를 간단하게 마무리하고 헌금기도 한 후에 그만 주저 앉아버린 것이다.

내가 쓰러지는 순간에 내 입으로 마이크를 치고 주저 앉아버렸는데 여기까지 기억은 들지만 벌렁 넘어진 것은 전혀 기억할 수 없었다. 성도들이 지켜보고 있다가 모두들 놀라서 강대상으로 뛰어온 모양이다.

119에 실려 병원으로 이송되어 10여일 정도 입원하였다. 병원에 입원해 있는 동안 하나님께서 나에게 큰 은혜를 베풀어 주셨다. 얼마나 울게 하시는지…. 회개의 눈물인지, 감사의 눈물인지, 하나님 사랑의 눈물인지 내 얼굴에서 눈물이 범벅이 되었다. 내 생전 가장 많이 운 것 같다.

병실에서 링거를 꽂고 깊은 잠을 잘 수 없는 상황이었다. 2인실에 누워있는데 옆에 있는 환자가 TV를 틀어도 크게 방해되지는 않았다.

성도들은 나에게 1인실로 옮기라고 야단들인데 1인실과는 하룻밤에 20만원 차이가 났다. 2인실은 7만원으로 이곳에 있는 것이 내 마음이 더 편하다. 내 고집으로 2인실에 있었지만 환경이 문제가 아니라 하나님께서 은혜 주시니 병실이 천국이 되었다.

목회 중에 바쁘게 뛰다보니 성경을 많이 읽지 못했는데 병원에 있다 보니 성경 읽고 기도의 사람으로 영적 재충전의 기회를 주셨다.

저녁때 깊이 잠들지 못한 비몽사몽의 상태에서 하나님께서 저녁마다 찾아와 만나주셨다. 세계 선교를 위해서 100만개 교회를 달라고 기도할 때 "내 앞에서 행하여 완전하라"고 말씀하시고 여러 가지 테스트를 하시면서 귀한 약속의 말씀을 확실하게 들려주셨다.

수년 전에 상상할 수 없는 돈의 액수를 현금으로 보여주시면서 그것을 주시겠다고 하셔서 100만개 교회를 세울 수 있는 재정을 주실 것을 믿었다. 하지만 이번에는 주님이 확실하게 말씀하셨다.

"너는 지금까지 오은수 장로(광주양림교회)가 말한 100만개 교회를 믿고 기뻐하였다(2007년 3월경 선포). 이제는 보게 된다."

그리고 하나님께서는 이런 모습을 보여주셨다. 도심지 번화가 사거리에 수많은 차들이 지나가는데 내 차는 탱크로 막아 멈추어 있었고, 나는 열쇠 꾸러미를 가지고 달려가고 있었다.

그 다음 다음 날은 천상의 세계를 경험하였다. 하나님의 보좌 앞에 내가 황금 옷을 입고 엎드려 있었는데 옆에 다른 사람도 황금 옷을 입고 엎드려 있는 것이 보였다. 그런데 나의 황금옷의 윗 매무새가 흐트러져 있었다.

아마 그 후 여러 번의 금식기도로 바르게 고쳐졌으리라 믿는다. 이 외에도 10일 동안 하나님께서 많은 것을 보여 주셨고 체험케 하셨다.

"하나님, 제가 설교하다 쓰러져 입원하여 하나님과 깊은 만남을 갖게 하신 것도 하나님의 섭리와 인도였군요. 감사합니다."

병원에 10여 일 입원해 있는 동안 많은 눈물 가운데서 너무나 행복한 주님과의 만남의 시간을 가졌다.

난 아빠를 잘 만났어!

늦둥이 아들 은총이가 얼마 전에 "난 아빠를 잘 만났어!"

이 한 마디 말에 귀가 번쩍 뜨였다.

'아, 이 아들이 이제 철이 좀 들었고 믿음이 자랐구나.'

부모로서 이보다 더 기쁜 말은 없으리라고 생각한다.

"은총아, 내가 너를 잘 만났지. 넌 착한 아들이고 내게 엔돌핀이야!"

"내가 아빠를 잘 만났지. 난 태어나자마자 아빠가 내 아버지였잖아."

목회자 아들 가운데 오히려 신앙의 반항아가 나오기 쉽다는데 내 아들은 하나님께서 은혜로 역사하신 것이다.

1990년대 내가 40대였을 때, 매일 철야하며 강단에서 잠을 자고 지내는데, 어느 날 하나님께서 말씀하셨다.

"아들을 낳으라!"

"하나님, 늦었습니다."

"순종해라!"

중학생 모자를 쓴 아들을 보여주면서 순종하라 하여 순종하였는데 하나님께서 귀한 아들을 주신 것이다.

초등학교 6학년 때 반장선거에서 당선되었다. 성적도 반에서 1

등이다. 짝꿍 현우가 장애아인데 은총이가 사랑해 주었는지 그가 은총이 반장 선거 운동원이 된 것이란다.

중학교 2학년 때 같다. 그 반에서 가장 힘이 센 아이가 애들에게 주먹을 휘두르는데 모두가 꼼짝 못한 상황이었던 모양이다. 아들 은총이가 벼르고 있다가 모두가 보는 교실 앞에서 힘이 센 아이에게 싸움을 걸었다. 그 아이는 초등학교 때부터 검도, 태권도 학원에 보내어 실력이 있는 아이인데, 그 아이를 거꾸러뜨려 버렸다는 것이다. 자기 나름의 의협심으로 붙었던 모양이었다.

중 2학년 때 학교 성적은 전교생 450명 가운데 250등이었다. 중학교 때 은총이 IQ는 반에서 1등이었다.

그 당시에 아이가 컴퓨터 게임을 좋아하고, 교회 안에서 사니까 오후에 아이들 소리가 나면 밖에 나가서 놀아서 공부를 게을리 한 것이다. 또 내가 외국 유학을 보낼 생각으로 영어 회화 학원을 보냈기에 학교 성적은 손해가 된 것 같다. 그러나 그 아이를 유학을 보내지는 못하였다.

250등 성적표를 받아 집에 온 아이는 아버지에게는 비밀로 해달라고 엄마에게 부탁하더란다. 나는 이 일을 알고 모른 척 하고 지켜만 보았다. 그런데 하나님의 은혜가 은총이에게 임했다. 하나님께서 꿈에 보여주셨는데 은총이가 열심히 공부하는 모습이었다.

중학교 3학년 때 "엄마, 내가 우리 학교 전교에서 1등 해 버릴까?"라고 말했다 한다. 전교 1등 한 아이가 같은 반에 제일 친한 친구인데 라이벌 의식이 생긴 것이다.

중간고사에서 전교 50등이 되었다. 선생님이 칭찬하며 "은총아! 네가 1년만 지나면 전교 1등 하겠다."고 하자 "1년까지 갈 것 있습니까?" 하였다는 것이다.

2학기에 가서 전교 10등으로 성적이 올랐고, 그 당시 새벽 3시까지 공부하고 6시에 일어나 공부하는 모습을 보았다.

"은총아, 2시에는 자야지!"

"아빠! 내가 95점을 목표로 하면 2시에 자겠는데, 올 100을 맞아야 하니까 2시에 자면 불안하니까 3시까지 공부하는 거예요."

나에게 딸이 셋이고, 은총이는 13년 터울의 외아들이다 보니 아빠는 무서워하는데 엄마에게는 함부로 하는 것을 보았다.

나는 그에게 "엎드려뻗쳐!" 하고 몽둥이로 엉덩이를 때렸다. 내가 좀 키가 큰 편인데 고등학교 1학년인데도 내 키보다 더 큰 때다.

엄마에게 불손하다고 아들 은총이를 몽둥이로 사정없이 엉덩이 몇 대 때리고 나니까 나도 마음이 아파 밤 12시가 넘어서 강단에 가서 기도하였다. 그런데 예배당 한 쪽에 누가 엎드려 기도하고 있었다. 자세히 보니까 내 아들 은총이가 매 맞고 성전에서 기도하고 있었던 것이다.

담임선생님을 만나서 아들 이야기를 하니까 그게 믿을 수 없는 일이라는 듯이 듣고 있었다.

그게 사실이라니까 기적이라고 한다. 요즈음 그 나이에 '엎드려

뻗쳐' 하고 몽둥이로 때리는 일을 할 수 없다는 것이다. 또 그렇게 맞고도 집 나가지 않고 예배당에 가서 기도했다니 있을 수 없다는 것이다. 그래서 기적이라는 것이다.

성경 잠언서에 아이를 채찍으로 때리고 키우라는 말씀이 얼마나 많이 나오는가! 부모의 채찍을 맞으며 못된 버릇을 고침 받은 아이들이 바르게 자라고, 어른을 공경하고 나중에 부모님께 효도 한다는 진리를 많은 사람들이 모르고 있는 것 같다.

나는 영적 욕심이 많아서 딸 셋을 다 신학대학원에 보냈다. 두 딸이 목사가 되었고, 또 사위 셋이 다 장로회 신학대학 신대원 출신이다. 당연히 외아들 은총이가 목회하는 것이 나의 소원이다.

고 3때, 아버지의 뜻에 순종할 마음은 없고, 인권 변호사가 되는 것이 자기의 꿈이라고 한다. 하나님께서 은총이의 마음을 보여 주셨다.

부모 곁을 떠나 멀리멀리 산으로 도망을 쳤다. 그런데 점점 가까이 오더니 나와 그의 사이에 선이 그어져 있는데 이 선을 넘어도 자기가 넘는다고 하였다. 그것은 하나님께서 강제로 하지 말라는 메시지로, 스스로의 결단으로 주의 종의 길을 가게 하신다는 하나님의 메시지로 받았다.

은총이가 중학교 때 과학상을 받고 수학을 제일 좋아했지만 인문계로 진학하라니까 순종하였고, 부모의 뜻에 따라 기독교 대학인 한동대학교에 입학하여, 학교에서 새벽예배 드리고, 학교생활 중에도 기도실에 가서 하루에 1시간 이상 기도하고, 방학 때는 성경 통독학교에 다녀와서, 4개월 동안 성경배경 서적을 참고하면서, 한 학기 동안 신구약 성경을 2번 읽었다고 한다.

2학년 1학기를 마치고 공군 사병으로 입대하였는데, 군 복무기간에 성경 700구절을 암송하고, 제대후에는 휴학계를 내고 비젼 선교단체에서 훈련을 받고, 다시 복학하여 학업을 마치고지금은 선교단체에 소속되어 활동하고 있다.

하루는 선교를 다녀와서 이런 말을 했다.

"아빠, 돌아오는 길에 차 속에서 영혼들을 생각하고 한없이 울었어!"

가슴이 울컥했다.

언젠가 제시카 윤 목사님이 오셔서 추운 겨울에도 가스와 전기 난방없이 한 겨울을 지내고 있다고 하신 말씀을 전했더니, 자신도 한 달 생활비 15만원으로 지내며, 20여명의 간사들과

한집(방)에서 난방없이 두꺼운 옷으로 겨울을 난다하여 아들의 선교단체 생활의 실상을 알게 되었다.

아들은 한사코 목회자의 길을 거부한다.

교회에서 혹시 목회자로서 누릴 수 있는 모든 특권 대신에 가난하고 소외받는 이들을 위한 삶을 택하기롤 결정한 것이다.

3
성 프란시스를
그리워하며

참가자의 수가 얼마 되지 않은 목회자 세미나에서 서로 인사를 나누었다.

"광주안디옥교회 목사입니다."

"아, 광주안디옥교회 부목사님이십니까?"

나를 쳐다보던 그 목사는 되묻는 것이었다. 나는 부목사가 아니라 담임목사라고 말하기도 겸연쩍어 말꼬리를 흐렸다.

다른 곳에서도 이런 비슷한 일이 있었다. 이번에는 아예 나를 부목사로 단정하고 묻는다.

"광주안디옥교회 부목이지요?"

이럴 경우에는 기분이 썩 나쁘지는 않다. 광주안디옥교회가 큰 교회로 소문나 있어서 아무래도 담임목사는 나이가 들었을 테니, 나를 그만큼 젊게 보아주는 것이므로, 또 큰 교회 담임목사는 목회자 세미나에 오는 예가 드물 것이니 부목사로 여기는 것은 자연스러운 일이었다.

그런 시절이 엊그제 같은데 세월이 많이 흘렀다. 하나님께서 보실 때 큰 교회의 담임목사냐 부목사냐가 중요한 것이 아니라, 중심으로 하나님을 사랑하면서 오직 하나님께 영광 드리는 삶, 하나님께 기쁨을 드리고자 하는 다윗의 마음이 얼마나 있느냐가 중요하다고 생각된다. 사람은 외모를 보거니와 나 여호와는 중심을 보신다는 말씀이 나에게는 너무 귀한 말씀이다.

프란시스여, 어찌하여 세상이 그대를 따르는가?

그래서 나는 아씨시의 성인 프란시스를 사랑한다. 《프란시스의 생애》라는 책을 여러 번 읽었다. 그는 세상의 권력을 두려워하지 않았고, 세상과 타협하지 않았다. 영혼들을 가련하게 여기는 예수님을 닮았기 때문이다. 나는 그의 전기를 수없이 읽었는데 하나님께서 왜 그 같은 사람을 지명하고 부르시고, 그에게 위대한 일을 맡기는가를 알고 싶었던 것이다.

하나님께서 그의 종을 선택하실 때에는 하나님을 뜨겁게 사랑하는 사람을 찾으신다. 하나님께서는 어두운 중세 시대에 한 사람을 찾으셨는데 그가 곧 아씨시의 성자 프란시스이다.

청빈을 주지(主旨)로 하는 '작은 형제단'이 결성된 후에, 수많은 사람들이 그에게로 와서 배우고 주님께 헌신했는데, 한꺼번에 30여 명이 몰려와 "프란시스 형제여, 저는 당신을 따르겠습니다."라고 저마다 결연한 의지를 보여 주었다.

어느 날 곁에서 지켜보던 한 형제가 그에게 물었다.

"사람들은 어찌하여 그대를 만나고 싶어 하고, 그대의 말을 듣고 싶어 하고, 그대가 시키는 일이라면 목숨도 마다하며 따를까요? 그대의 외모는 볼품도 없고, 학문이 뛰어난 것도 아니고, 게다가 신분도 없고 가진 것도 없는데, 어찌하여 온 세상이 그대를 따르려 할까요?"

프란시스의 대답은 나를 울려 놓고 말았다. 내가 바로 그 같은 사람이었기에…….

"하나님께서 이 땅의 모든 선한 사람과 악한 사람들을 두루 살피시다가 그분의 눈에 나보다 더 천한 사람, 나보다 더 추한 사람, 나보다 더 무식한 사람, 나보다 더 무능한 사람, 나보다 더 악한 사람은 없었기에 그분은 나를 택하여 이 세상에서 현명한 사람, 존귀한 사람, 권세 있는 사람, 지식 많은 사람을 부끄럽게 만드시려는 것이지요."

프란시스의 삶을 살펴보면 하나님께서 어찌 그런 인물을 사용하지 않겠는가 하며 고개를 끄덕이지 않을 수 없다.

하나님을 만난 후에 세상의 재산과 지위와 쾌락을 버릴 수 있는 사람, 그러기에 그는 하나님 나라의 부요를 위하여 세상에서 청빈을 택했고, 하나님 곁에 가까이 있기 위하여 겸손의 삶을 택했고, 자기 몸을 버려 주님의 사랑을 실천했던 사람, 그러기에 하나님께서는 그를 기뻐하여 높이셨던 것이다.

프란시스여, 어찌하여 세상이 그대를 따르는가? 오늘 세상은 프란시스를 다시 한 번 목마르게 기다리고 있다.

"그대가 프란시스가 되어라. 나를 위하여!"

주님께서는 오늘도 나를 향하여 외치신다.

천국에서는 담임목사였느냐, 부목사였느냐를 묻지 않을 것이다. 얼마나 주님의 심장으로 영혼들을 긍휼히 여기며 돌보았는가를 물으실 것이다.

"나는 너를 도무지 모른다"고 외면하실까 두렵다.

'오직 사랑이 없으면 네가 아무 것도 아니라는 주님의 말씀을 기억하게 하소서.'

'오 하나님, 진짜 목사 되게 하소서.'

'오 하나님, 프란시스처럼 낮아지는 종이 되게 하소서.'

4
우리의 모델
사도행전적 교회

아무것도 가진 것이 없는 자의 하나님

"교회 개척했다고요? 신학교 한 학기 다니더니 휴학하고, 언제 목사 되겠어요?"

내가 개척하면 그래도 몇 사람은 도와줄 것이라고 기대했는데…. 나의 자존심은 여지없이 구겨지고 말았다.

"신학교 다닌다고 일주일 내내 서울에 있으면서 주일날 한 번 오는데, 그래가지고 개척교회가 되겠어요? 그것도 가정집 마룻바닥에서…."

"애들은 셋씩이나 되고, 사글세 단칸방에 살면서…."

개척하기 전에 함께 기도하며 가까이 지내던 사람들이 막상 개척을 하니까 나를 외면하는 것이었다.

"네가 도대체 무엇을 하겠느냐?"하며 나를 비웃는 것 같았다.

그렇지만 나는 희망에 불타고 있어서 안 될 것이라는 생각은 추호도 없었다.

'죽은 자를 살리시는 능력의 하나님이 계시는데…, 없는 것을 있는 것처럼 부르시는 분이신데…….'

지금 돌이켜보면, 정말 내가 가진 것은 아무것도 없었지만 하나님께서는 나를 모든 것을 가지고 있는 사람으로 여기시고 부르셨던 것이다.

하나님께서 사랑하여 부르셨으니 나는 그 사랑의 열정으로 생명을 바치기로 결심했다. 세상에서 목숨을 내놓은 사람만큼 무서운 사람도 없을 것이다. 이 세상에서 그 무엇으로도 바꿀 수 없는 값비싼 보화를 가진 사람이 또 무엇을 욕심내겠는가?

성령사역에 의한 사도행전적 교회

광주 변두리 서창면, 냄새나는 종축장 옆 가건물을 예배당으로 사용하고 있을 때, 이웃에 나의 개척 시기와 비슷하게 시작한 교회가 있었다. 그 곳에 개척한 교회는 재직이 30여 명, 번듯한 건물 2층 홀에 꾸며진 예배실에 성구·피아노·앰프시설은 나를 압도하기에 충분했다.

10달 사글세 30만원 짜리 다섯 평 남짓한 예배당에 아내의 화장대에 흰 종이를 덮어씌워 사용하는 강대상, 피아노마저 없으니 앰프 시설이 있을 턱이 없고, 집사는 한 사람도 없고, 이제 신앙생활을 시작한 두 가정뿐인 우리 교회와는 비교할 수 없었다.

이웃 교회이므로 그 교회 목사와 알고 지내는 사이가 되었다. 어느 날 나는 그를 만나 "이상적인 목회는 이래야 된다고 생각합니다"고 하면서 성령사역으로 교회를 성장시킨 어느 목사의 카세트테이프를 주었다. 그러나 그는 성령사역에 의한 목회 방법에 대해서는 받아들이려 하지 않았다.

그로부터 십 년 후, 우리 교회는 월등하게 성장한 반면 그 교회는 개척교회 티를 벗지 못한 상태였다. 그는 목회 경주에서 뒤쳐진 목사가 되었다.

"그 때 목사님이 나에게 테이프를 주며 권고했을 때, 받아들이지 못했던 것을 이제 와서 크게 후회하고 있습니다."

"그 때 왜 그 목회 방법에 대해서 외면하셨지요?"

나는 정말 그 이유를 알고 싶었다.

"노회 어른들을 의식하느라고…."

노회 안에는 오랜 목회 연륜으로 목회에 성공한 힘 있는 노장 목사들이 있어서 젊은 목회자들은 그들의 그늘 아래서 이런 저런 간섭을 받으면서 도움을 받기도 한다.

그리고 젊은 목회자는 그들의 교권 세력의 비호를 받으면서 성장하는 것이다.

나는 개척할 때부터 교회를 성장시켜야겠다는 비전 외에는 아무 것도 보이는 것이 없었다. 그리고 믿음으로 이미 내 눈앞에 이루어지고 있음을 믿었다.

그렇기 때문에 가정집 마루에서 두 명을 놓고 시작한 첫 예배에서 당돌하게 선언했던 것이다.

"우리 교회는 앞으로 10년 내에 광주에서 가장 큰 교회가 됩니다."

두 번째 예배 장소였던 곳, 냄새가 코를 찌르는 종축장 옆에 다섯 평 남짓한 교회로 이전하여 첫 예배를 드리기 시작한 날부터 자신 있게 말했다.

"일 년 안에 백 명의 교회가 됩니다."

나의 모델은 처음부터 사도행전 적 교회였다. 성령사역에 의하여, 성령이 성장을 주도하는 교회— 이것이 나의 목회 목표였다. 그렇기 때문에 교회를 세우신 성령의 음성을 듣고 그분의 인도를 받기 위해서 나는 몸부림쳤던 것이다.

성령께서는 나를 그분의 손에 붙드시고 일을 시키셨다. 성령사역 목회를 실천하면서 나는 교권도 두려워하지 않았다. 왜냐하면 교권이 두려워 성령목회를 한 번도 해보지 못하고 제자리에 주저앉은 목회자를 수없이 보았기 때문이었다.

독수리가 날기를 두려워한다면 결코 창공의 자유를 맛보지 못할 것이다. 주의 성령이 계신 곳에 참다운 자유함이 있으므로 (고후 3:17), 하나님께서는 나를 성령의 품에 안기게 하시고 자유를 얻게 하셨다.

예수님의 제자들이 능력 있는 증인이 된 것은 성령체험 후였다. 성장 목회를 하려면 성령체험이 우선이어야 한다.

오순절 다락방에 모였던 제자들처럼 나는 기도 외에는 아무것도 하는 일이 없었다. 그런 나를 하나님께서 용납하시고 세미한 음성을 들려주시고, 비전을 보여주셔서 성령의 능력으로 목회하게 해주셨다. 심지 않는 데서 거두시는 하나님이 아니셨다.

한국에서 권위 있는 모 교회성장연구원에서 우리 교회를 성령사역으로 성장한 모델 교회로 취재해 갔다. 광주 지역 목회자들 여론조사에서 우리 교회가 선정되었다는 것이다.

나의 개척 시절에 많은 젊은 목사들이 교권정치에 가담하여 힘 있는 목사들의 들러리 서는 것을 보았다.

인본주의에서 비롯되는 그 동기들을 하나님께서 보시고 그들의 교회들을 잘되게 해주시겠는가? 하나님께서는 무릎 꿇는 자를 통해서, 애통하는 사람들을 통해서 그의 교회를 성장시키셨다.

나의 목회 비결이 여기 있다.

무릎 꿇자! 땀 흘리자! 애통하자!

이런 은혜를 계속 주시옵소서.

5
태초부터 나를 택하신
하나님의 계획

난리 통에 살아남은 아버지

내가 태어나기 전, 부모님은 함평군 월야면 불갑산 아랫마을에서 살았다. 인근에 많은 농토와 임야를 소유하였고 그 동네에서 꽤 큰집이었다.

마을은 참으로 평화로웠다. 봄이면 야산 능선을 따라 피어난 진달래꽃 무리가 온 산을 분홍빛으로 물들이고, 억새풀 사이에 돋아난 신록들과 더불어 사람들은 긴 겨울의 기지개를 켜고 씨 뿌릴 채비를 한다.

어느 해 여름, 검은 구름이 몰려왔다. 대낮에 푸드득 소리와 함께 들려오는 장끼 소리도, 저녁나절의 소쩍새 울음소리도 멈추었다. 귀뚜라미 소리와 반딧불의 조화로 아늑하던 밤이 공포의 밤으로 변하고, 대숲의 귀소 새들도 날개를 접고 소리를 내지 못하고 있었다.

여순 반란 사건 때 반란군이 불갑산까지 밀려왔다. 조용하고 평화로운 마을은 난리통이 되었다. 밤이고 낮이고 쏘아대는 총소리에 사람들은 어둠 속에서 가슴을 떨면서 우는 어린애들의 입을 막아야 했다. 낮에는 국군들과 경찰이 마을로 들어와 수색을 했고, 밤에는 불갑산에 은신하고 있는 공산군들이 마을로 내려왔다. 순박한 마을 사람들은 총부리 앞에 허약했다. 그들에게 소용되는 것은 무엇이든지 약탈해 갔다. 쌀, 보리, 옥수수, 감자, 김치….

내 아버지 집은 표적이 될 수밖에 없었다. 아버지는 마을의 유지였고, 또 널따랗고 큰집을 지니고 있었다. 밤에는 공산군들이 어둠을 타고 마을에 내려와 식량과 가재도구들을 빼앗아 가고, 낮에는 국군이 들어와서 밤중에 공산군들에게 협조한 마을 사람들을 색출해냈다. 생각해보면, 북쪽 사람이나 남쪽 사람이나 모두 한 혈육인데 서로 총부리를 겨누고 약탈하고, 빼앗기고, 죽이고 죽는 비극의 민족이 되어 버린 것이었다.

당시 나의 아버지는 30대 초반이었다. 그는 무엇보다도 정직하고 근면했기 때문에, 사람들은 그를 남다른 사람으로 보았고, 그가 모은 재산들도 바로 그의 근면성에서 비롯되었다고 사람들은 믿었다.

어느 날 국군들이 아버지의 집으로 몰려와 아버지를 지목하고, 밤 사람들에게 협조했다는 죄목으로 추궁했다. 당시 누구든지 어떤 형태로든지 공산당에게 협조했다는 것이 나타나면, 심지어 억지로 공산당에게 무엇을 빼앗겼다든지, 그들을 숨겨주었다는 사실이 드러나면 그 사람은 전시 중에 적군에게 이롭게 했다는 죄목으로 즉결 처형하게 되어 있었다.

나의 아버지는 재판도 없이, 그 자리에서 공개적으로 총살당할 위기에 처했다. 그것도 국가와 나라를 지키는 국군으로부터…. 한 군인이 아버지의 관자놀이를 향하여 총을 겨누었다.

풍전등화(風前燈火)의 목숨이었고 살아남을 확률은 제로였다. 당시에 수많은 사람들이 그렇게 죽어 갔다.

나의 아버지는 담대했다. 죽을 때는 죽더라도 빨갱이 협조자라는 비운의 죄명을 둘러쓰고 죽을 수 없었다. 그것은 자녀들에게 두고두고 수치의 역사를 물려주는 것이었으며, 무엇보다도 한 인간으로서 깨어지는 자존심을 참을 수 없었다.

나의 아버지는 한 순간을 포착하고, 재빠르게 엎어지면서 총을 들고 있는 군인의 발목을 낚아챘다. 함께 엎치락뒤치락 뒹굴다가 어느 순간 그의 총을 빼앗았다. 아무도 말릴 수 없는 순식간에 일어난 일이었다. 그의 담대함과 지혜가 함께 어우러진 순간이었다.

국군들도, 마을 사람들도 순간적으로 일어난 이 일에 어찌할 수 없이 지켜볼 수밖에 없었다. 아버지는 빼앗은 총을 상대방에게 돌려주었다. 그리고 전연 두려움 없이 쩌렁쩌렁한 목소리로 외쳤다.

"나는 대한민국 국민이오. 나는 지금까지 내 나라를 부끄럽게 한 일이 없소."

그 중에 우두머리인 듯한 군인이 다가왔다.

"그렇다면 증거를 내보여라. 대한민국 국민의 증거로 태극기가 있는가?"

아버지는 곱게 접어 장롱 속에 감추어 둔 태극기를 내보여 주었다. 훗날 아버지는 나의 유년시절의 어느 때에 이 이야기를 들려주시면서 "태극기가 나를 살려주었단다."라고 눈시울을 적시며 태극기의 고마움에 감격해 하셨다.

'하나님께서 훗날 나를 택하여 사용하시려고 나를 낳아 줄 아버지의 목숨을 건지셨구나.'

그 때 만일 아버지가 총살을 당하였다면, 나는 태어나지 못했을 터이니 하나님께서 직접 개입하시어서 생명을 보전하시는 그 사랑에 감사하지 않을 수 없다.

나의 아버지의 생명을 보전하신 것은 그 때 한 번만이 아니었다. 6·25동란 때이다. 전세는 아군에게 매우 불리해져 갔다. 수도 서울도 적 치하에 넘어갔고, 경상도 일부와 제주도를 제외하고는 모두 적의 손에 떨어지게 되었다. 인민군 통치하의 모든 주민들은 남로당(남조선 노동당)에 가입하도록 강요당했다.

가입한 사람들은 사실상 인민군의 통치를 자발적으로 받겠다는 표시며, 공산당원이 되는 것이었다. 국군은 후퇴하고, 세상은 온통 인민군 천지가 되어 무력한 주민들은 거역할 힘이 없었다.

그들은 마을 사람들을 모두 한 곳에 집합시켰다. 그 곳은 마을 사람들이 모여 남로당원에 가입하고 도장을 찍을 장소였다. 아버지가 아침나절에 논으로 일하다가 점심 잡수시러 집으로 왔을 때, 남로당원 한 사람이 그를 데리러 왔다.

낌새를 알아차린 아버지는 배를 움켜쥐고 마룻바닥에 뒹굴면서, "아이고 배야! 아이고 배야! 사람 죽네~"하면서 숨 넘어가는 소리를 질러댔다.

그 광경을 지켜본 당원은 하는 수 없이 발길을 돌렸다. 마을 사람들 중에 오직 한 사람, 나의 아버지만 그 날 남로당원이 아니었다. 누가 나의 아버지에게 이런 지혜를 주었을까?

그러나 그 날부터 마을에 살육의 그림자가 온통 뒤덮기 시작한 것을 아무도 눈치 채지 못했다. 얼마 후 국군이 진격했다. 사람들은 저마다 인공기를 감추고 태극기를 펄럭이며 국군들을 환영했지만, 마을은 글자 그대로 아수라장이 되고 말았다.

그 날 남로당원에 가입한 남정네들은 모두 몰살당했다. 자기 조국의 국군들에 의해서……. 비극의 살육 현장이었다. 그러나 오직 한 사람, 남로당에 가입하지 않았던 나의 아버지만 살아남았다.

"베들레헴 지역에 두 살 아래의 모든 사내아이는 다 죽이라"는 명령을 받은 헤롯 군인들이 어린 아기 예수의 목숨은 빼앗지 못한 것처럼, 사내아이를 다 없애라는 바로의 엄중한 명령에서도 모세의 생명을 빼앗지 못한 것처럼, 하나님께서는 선택한 자를 끝까지 지켜 주시는 것이다.

그것은 순전히 하나님의 사랑이었다. 그 사랑이 나를 선택했고, 훗날 나를 지명하고 부르시기 위하여 나의 아버지의 생명을 남겨 두었음을 나는 믿는다.

나의 아버지의 이력

훗날 나의 생명을 잉태하게 되는 나의 아버지의 내력을 여기서 언급하려 한다.

함양 박씨 성을 가진 양반이었던 나의 가문은 조선 말기까지는 관직에 있었다고 한다. 그런데 조부 때 몰락하여 농사꾼이 되었고, 더구나 조부는 일찍이 상처(喪妻)하여 살림살이가 궁색해지자 나의 아버지는 열세 살 때부터 머슴살이를 시작했다.

당시에 머슴의 일 년 새경은 3원이었는데 언제나 섣달 그믐날(음력 12월 마지막 날)에 받았다. 그는 난생 처음으로 큰돈을 받았다. 그가 일 년 동안 땀흘려 번 그의 재산이었다.

주인에게 부탁하여 엽전 300개로 바꾸어 양쪽 호주머니에 가득 넣고 손으로 만지작거리며 집으로 왔다. 얼마나 흐뭇했으랴. 그는 엽전들을 방에 쏟아 놓고 몇 번씩이나 세어 보았다. 그는 일을 끝내고 피곤한 몸으로 집에 와서 돈을 헤아려 보는 재미로 피곤을 잊었다. 그 때부터 그는 부자의 꿈을 꾸었다.

아버지는 훗날 나에게 그 때의 일을 이렇게 술회하였다.

"머슴살이란 게 남의 집 종살이지. 새벽에는 주인보다 일찍 일어나서 소여물을 썰고 소죽을 쑤고, 저녁에도 마음 편히 잠 한번 못이루는 거야. 신발을 신은 채로 방문턱에 걸쳐 누워 겨우 한숨 붙이지. 낮에는 뼈가 녹도록 일하고, 밤에는 밤대로 새끼 꼬고, 아무튼 주인의 맘에 들어야 돼. 일 잘한다는 말 들어야 상머슴이 되고, 일년 새경이 오르거든."

사람들은 그의 성실성을 칭찬하였다. 성실한 사람에게는 언제나 기회가 오는 법이다. 몇 년을 더 고생한 후 혼인하고 가정을 꾸몄다. 그는 막내였지만 부친을 집으로 모셔 와 돌아가실 때까지 봉양했다.

어느 날 자신이 일자무식임을 깨닫게 되었다. 일제시대의 대다수 사람들이 그런 것처럼, 그에게도 학교에 다녀 볼 기회가 없었다. 옥편(玉篇)을 사서 혼자서 한자 공부를 시작했다. 낮에는 일하고 밤에는 호롱불 아래서 글자를 익혀 갔다.

그의 독학의 깊이는 더해졌고, 그 한문 지식으로 문중(門中)의 일을 도맡아서 했으며, 후에 향교에서 제사의식을 주관하는 향교장의(鄉校葬儀)가 되었다.

한번은 아버지가 어떤 일로 법정에 서게 되었는데, 검사 앞에서 문제의 부당성을 논리적으로 지적하여 검사를 당황하게 만들었고, 방청객들로부터 박수갈채를 받았다. 정규 일본어 학습의 기회가 없었던 선친이었지만, 일본인 검사 앞에서 당당하게 자신의 투지를 보여 주었고 무혐의로 풀려 나왔다.

어떤 환경에서도 뜻을 굽히지 않은 성품, 배우기를 게을리하지 않고, 부지런하고 성실했던 성품, 원망보다는 상황을 받아들이는 아버지의 성품에 더하여, 어머니의 낙천성이 나를 비롯하여 형제들에게 많은 영향을 끼쳤다.

나의 어머니는 딸만 연이어 셋을 낳았다. 그 시대의 어머니들은 아들을 낳지 못하면 제 노릇을 못하는 죄인들처럼 살았다. 그것이 꼭 여자의 책임이겠느냐마는 어머니도 이 부분에서는 얼굴을 들지 못하고 사셨다. 만일 아들이 없어 대를 잇지 못하면 조상에게 큰 죄를 짓는 것이니, 어떤 방법으로든지 아들을 낳아야 하는데, 완고한 유교집안 어른들은 아버지에게 씨받이를 얻어야 한다고 성화였다. 그것은 작은 각시를 맞아들여야 한다는 말이었다.

주위의 강요로 아버지는 하는 수 없이 선을 보러 가게 되었다. 요즈음 사람들은 이해가 되지 않는 일이지만 그 시대 사람들에게는 흔히 있는 일이었고, 아들을 낳지 못한 부인은 그 사실을 받아들일 수밖에 없었다. 또한 그런 여자에게는 불평이나 투기는 금물이었다.

선보러 가는 날, 또 다른 아내를 거의 합법적으로 맞이하러 가는 남편의 모습을 바라보는 여자의 심정은 어떠했을까? 이런 일을 자기 숙명으로 받아들이는 어머니였다. 조용하며 말이 없고 남편에게 말대답 한 번 하지 않으니 서로 얼굴 붉히며 다툰 일이 없는 어머니였다.

전날 저녁에 솜씨 좋은 바느질로 손수 만든 두루마기를 깨끗이 다리미질 해 두었다. 둘째 각시 얻으러 가는 남자에게 손수 바느질하여 만들어 준비해 준 부인을 바라보는 아버지는 얼마나 겸연쩍어 했을까.

"평안히 잘 다녀오세요."

울타리 밖으로 나와 배웅 인사를 하는 아내를 뒤돌아보는 아버지의 발걸음은 무거웠다. 길을 가면서도 아내의 고운 자태가 자꾸만 떠올랐다.

지금까지 딸 셋을 낳을 때까지 말없이 집안 살림을 도맡아 하고, 늘 편안한 모습으로 남편에게 근심 없게 해주고, 집안 대소가 어른들을 잘 공경하고, 형제들끼리 화목하도록 애를 쓰는 아내였다. 아들 낳지 못해 얼마나 마음 고생했을까? 착한 아내, 인자한 아내, 세상에 그런 여자가 또 있을까?

"네 어머니가 해준 옷 입고 작은 각시 얻으러 가서 선을 보면서 네 어머니가 불평하지 않고 깨끗이 다려 준 옷을 생각하면서 그냥 돌아왔다."

훗날 그 때의 일을 회상하며 나에게 털어놓은 고백이다.

성경에 온유한 자는 땅을 기업으로 받는다고 했는데 어머니의 온유하고 인자한 성품을 하나님께서 귀히 보셨을 것이다.

어머니는 딸만 셋을 낳더니 네 번째 임신을 하게 되었다. 모두 아들을 기다리고 있어서 이번에는 아들일 것이라는 희망에 들떠 있는데 외할머니는 아니라고 했다.

"이번에도 딸이야. 내가 꿈을 꾸었는데 사모관대를 한 사람이 하늘로부터 지붕 위에까지 내려왔다가, '아직 때가 안되었다'고 하면서 다시 올라갔어. 뒤에 따라오던 작은 사람도 함께 하늘로 올라가 버렸다네. 이번에는 아들이 아냐. 이 다음에는 틀림없이 아들 둘을 낳게 될 것이네."

어머니는 네 번째에도 또 딸을 낳고 말았다.

그 후 나의 부모님은 광산군 삼도면 송산리로 이사하였다.

어머니가 다섯 번째 임신했을 때, 외할머니가 꾸셨던, 3년전과 똑같은 태몽을 어머님께서 꾸셨다. 하늘로부터 비행기가 내려오더니 사모관대로 예장을 갖춘 사람이 방으로 들어왔다고 한다.

"이번에는 틀림없어, 아들이야. 이번에 아들 아니면 작은마누라 얻어도 내 아무 말 안 할 테야."

어머님의 말은 확신에 차 있었다.

나의 출생과 유년시절

1952년 5월 17일 밤, 지금 이 글을 쓰고 있는 나 '박영우'가 태어났다. "길고 또 길어라"는 뜻으로 할아버님은 나의 이름을 '영우(永又)'라고 지었다. 다섯 번째에 태어난 아들은 분명히 하나님의 예정이었다고 밖에는 달리 말할 수 없다.

이 무렵 우리 집은 이웃 마을 지평리 가삼 마을로 이사를 했다. 산자락이 펼쳐진 아늑한 마을 한가운데 안채와 행랑채가 잇따른 4채의 기와집이었다. 아버님의 노력으로 당시 아름다운 병풍 기와집으로 지으셨다. 검은 기와지붕을 감싸주는 대숲, 사람들은 그 집터를 가리켜 명당이라고 불렀다.

낯선 아이가 이사 오니까 만나자마자 겨루어 보자는 기세였다. 나보다 한두 살 더 먹은 아이들이었다.

"좋아, 해 보자"하고 입을 악물고 싸울 태세를 하면 슬금슬금 도망치는 것이었다. 싸우지도 않고 나는 당당하게 그들을 제압했다.

그러다가 아랫집에 사는 쌍둥이 형제가 한패가 되어 나하고 싸움이 붙었는데 나는 여지없이 참패하고 말았다. 쌍둥이인 승섭이와 호섭이는 나보다 한 살 위인 6살인데 둘이서 함께 달려드니 어찌할 수 없었다. 집에 돌아와서 곰곰이 생각해 보았다.

'어떻게 이길까? 옳지. 정주 형한테 가르쳐 달라고 해야지.'

정주 형은 고모 아들인데 우리 집에 머슴살이하고 있었다.

"형아, 나 싸움 가르쳐 줘."

나는 형한테 권투 폼 잡는 법을 간단히 배우고 나서 누구든지 맞붙기만 하면 이길 수 있다는 기세로 승섭이에게 달려갔다.

"승섭아, 싸우자."

"나 아파서 싸움 안 해야."

그 날 나는 싸움 없이 승자가 되었고, 그 날 이후 쌍둥이에게 내가 이긴 것이 되었다.

6살 때, 상투머리를 하고 계신 할아버님에게 한문공부를 배웠다. 교과서는 '학어집(學語集)'이었는데, 아버지는 "이 책 한권을 떼면 떡 한 설기 해준다"고 하였다.

당시에는 설이나 8월 추석 명절, 또는 생일에 떡을 먹을 수 있지, 평일에는 구경할 수 없는 것이었다. 지금은 과일이나 과자가 풍성하지만, 그 당시에는 밥 먹는 것 외에 군것질하는 것이 없으니 명절도 아닌데 떡을 해준다는 것은 예삿일이 아니었다.

사랑방에 앉아 한문책을 읽고 있으면 밖에 나가서 놀고 싶은 생각이 간절하다. 아이들과 함께 매미 잡고, 강에 나가 멱도 감고, 송사리도 잡고, 굴렁쇠도 굴리고 싶다.

아무튼 나는 일 년이 채 되기 전에, 할아버님에게 학어집을 다 외어 바치게 되었고 떡 한 시루를 받아 모두 나누어 먹었다.

일곱 살 때, 학교에 들어가고 싶었다. 아버지에게 학교에 보내달라고 졸랐다.

"영우야, 이리 와 봐라. 학교에 갈 수 있겠는지 키를 재보자."

나는 발뒤꿈치를 들고 키를 조금이라도 더 크게 보이려고 했다. 그 당시 시골에서는 보통 여덟 살이나 아홉 살에 초등학교에 입학을 시켰다.

"됐다. 학교에 보내 주마! 학교에 갈 때, 차가 지나가면, 포플러

나무를 꼭 보듬고 있어야 한다.”

학교에 가려면 신작로 길을 지나야만 했다. 30분이나 한 시간 간격으로 자동차가 신작로 길에 먼지를 부옇게 일으키며 지나갔다. 찻길이 위험하니 미리 조심시키는 말씀이었다. 나는 신작로를 지날 때, 차가 멀리서 오는 것이 보이면 신작로를 따라 줄지어 서 있는 가로수를 꼭 안았다. 아이들은 나를 놀려댔다.

“야, 매미 붙었다!”

나에게 누나가 넷인데 엄마처럼 나를 보살펴 주었다. 내가 잘못했다고 한 번도 나무라거나 때리지도 않았다. 겨울에 눈이 오는 날에는 누나들이 나를 등에 업고 학교에 데려다 주었다. 학교 시간에 늦으면 빨리 가자고 누나 등에 업혀 누나의 머리채를 잡아당기기도 했다. 누나들이 나를 귀엽게 대해 주니 오히려 버릇이 없었다.

어릴 때 부잣집 아들로서 나는 남부럽지 않게 자랐으나 아버지는 나를 엄하게 다스렸다. 그 시대의 아버지들처럼 그는 봉건주의적이었고 유교사상에 젖어 있었으므로 딸들을 거의 가두어 키웠다. 그 시대의 농촌 부모들에게는 딸들이 연애하는 것을, 여자를 버리는 것으로 간주하였다. 아버지는 딸이 19살이 되면 으레 시집을 보냈다. 셋째 누나만은 20살에 시집보냈지만, 더 늦지 않도록 봄에 혼사를 치렀다.

출세의 욕망에 불타다

나는 공부로 출세하고 싶었다. 대학시절에 있는 그 흔한 미팅 한 번도 안 해보았다. 사실 안한 것이 아니라 못했다고 하는 표현이 옳다. 일 학년 때 학과 미팅이 있었다. 내가 뽑은 여학생은 '봉선화'. 집에 돌아와서 갈등이 왔다.

'아직 아냐. 공부로 출세해야 돼, 지금부터 마음잡지 못하면 나는 고시에 패스할 수 없어. 내 성격은 내가 잘 아는데, 한 곳에 집착해 버리면, 끝까지 가는 사람이 아닌가.'

그 날 나는 미팅 티켓을 포기했다. 나의 결심은 굳었다. 자취방의 큰방 주인 아들에게 티켓을 넘겨주었다. 지금 생각해보면, 대학교 다니면서 미팅 한 번 못해 본 바보 아닌가 하지만, 적어도 그 때 만큼은 나의 마음이 흔들리지 않았던 것이다.

그 해 겨울방학, 나는 중대한 결심을 하고 눈썹을 밀었다. 3개월 동안의 방학을 오직 실력을 기르는데 사용하리라, 밖으로 결코 나가지 않으리라는 결심의 표시였다. 행정고시에 합격하여 관료가 된 모습을 상상하면서 오직 공부에만 전념하였다.

2학년 여름방학 때다. 어느 절의 스님과 대화를 나누면서 "나는 높은 관직을 얻어 이 나라 부정부패를 없애겠다."고 야무진 발언을 했더니, 스님은 조용히 응수했다.

"봄이 오면 풀이 나고, 풀을 베면 또 풀이 난다."

그 말이 깊은 사색에서 나온 말이었다고 할지라도 나에게는 체념적인 말로 들렸다. 안되니까 산간 절에 들어와서, 인생을 체념하며 살아가는 사람들이 스님이 아닌가 싶었다.

사람 기피증, 특히 여학생 기피증은 나에게 여전했다. 그들은 나의 공부를 방해할 수 있는 존재들로 여겼기 때문이다.

늦은 시간에 도서관에서 나올 때면, 같은 방향의 여학생들이 눈에 띈다. 자주 지나쳤던 여학생들이었지만, 나는 얼굴 한번 똑바로 쳐다보지 않았다.

법학과에 '정시영'이라는 친구가 있었다. 대학에 들어간 이듬해 겨울, 그와 함께 그의 고모 집에 갔다. 될수록 여성에 대한 관심을 멀리하고 있는데, 그의 고모를 본 순간, '참 예쁘다' 하는 느낌이 들었다. 사실 공부 때문에 여자를 멀리해야 한다는 것보다는, 여자와 얘기하는 것을 나는 매우 수줍어하기 때문이었다. 그 날 따라, 나는 좀 달랐다.

"시영이, 자네 고모 참 예쁜데, 내가 꼬셔 버릴라네."

어떻게 이런 말이 나의 입에서 튀어나왔는지 모르겠다. 사람의 만남이란 참으로 신비롭다. 그리고 자신도 모르게 순간 끌린 사람이 있다. 그러나 미래는 알 수 없는 것, 그 순간이 지나가고, 미래의 어느 한 순간에 다시 이어진다면, 그 한 순간을 말하여 숙명적 만남, 필연적인 만남이라고 하는지도 모른다. 그럼에도 불구하고 그 날의 일은 나의 뇌리에서 잊혀지고 말았다.

대학시절에 처음으로 교회 문턱을 밟았다

내가 교회에 처음 가게 된 것은 참으로 희한한 일이다. 지금 생각하면, 성령 하나님께서 나를 부르셨지만……. 고등학교 시절 때부터 태권도를 배우다가 어깨를 다치고 나서 침을 맞으러 침술원에 다니게 되었는데, 침으로 치료해 주었던 분이 동명교회 장로였고, 그의 권유로 동명교회에 나가게 되었다.

복음서를 읽으면서 예수는 아마도 IQ가 500가량 되는 머리 좋은 사람일 것이라고 생각했다. 결국 교회를 그만두고 말았다.

그러나 잠깐 동안의 교회 출석으로 나의 삶에 무엇인가 변화를 준 것만은 사실이었다.

'한 번 사는 인생, 참으로 고귀하고 아름다운 삶은 무엇일까?'

나 자신이 느낄 수는 없었어도 이 무렵에 나의 인생에서 변화가 시작되고 있었다. 하나님께서 그 때부터 역사 하셨던 것이다.

가치 있는 인생이란 무엇인가? 오랜 사색 후에 얻은 나름의 결론은 "밝고 훈훈하고 명랑한 사회 건설을 이루는 것"이었다. 무엇보다도 그런 사회를 만들려는 사람이 변화되어야 하겠는데, 이것이 바로 독서운동이라고 확신하였다. 도산 안창호 선생이 '흥사단'을 만들어 사람을 변화시켰다면, 나도 어떤 단체를 조직해야겠다는 데에 이르렀다. 내가 당장 시작할 수 있는 것은 '독서회'를 조직하는 것이었다. 우선 문고를 준비하였다. 문고 가운데 기독교 책이 많았는데, 그 때 안이숙 이 쓴 《죽으면 죽으리라》를 읽었다. 신앙생활을 하지 않고 있었어도 거기에서 나는 하나님이 살아 계시다는 것을 느낄 수 있었다. 그러나 도움을 받고 내가 의지해야 할 하나님으로 믿고 싶지는 않았다. 나의 의지와 힘으로 위대한 사람이 되어야지 절대자라는 하나님의 도움으로 성공하기는 싫었다. 지금 생각하면 그것은 나의 교만이었고, 내 자신을 믿을 수 있는 대상으로 여긴 어리석은 사람이었다.

나는 민족운동 지도자들을 존경했다. 도산, 백범, 안중근, 간디 등 위대한 인물들에 대하여 독서하고 연구했다. 철학자 안병욱의 글들도 나를 감동시켰다. 《사서삼경》도 번역본으로 읽었다. 그리하여 나는 성현군자가 되어야 한다고 생각했다.

참으로 생각하면 이 시기는 방황의 계절이었다. 인생의 방향이 바르게 설정되지 않은 데서 연유한 것이었다. 어디에선가, 누구에게선가 나는 진리를 찾고자 했다. 그래서 성현의 교훈으로부터 무엇인가 얻고자 책도 많이 읽고 사색의 폭도 넓혀 갔다. 말하자면 세상의 초보 지식에서 갈증을 느끼고 진리를 찾아 헤매는 구도자의 방황이었던 것이다.

인간의 의지와 뜻대로 되는 세상이라면 이 세상은 뒤죽박죽이 될 것이라는 생각이 들었다. 제각기 소원하는 바가 다르므로 서로 충돌하게 되고 오히려 세상의 질서를 깨뜨릴 것임에 틀림없다. 그래서 절대적인 능력자의 조정이 필요한 것이 아닌가라는 결론에 이르렀다.

하나님께서 나의 인생 조정이 필요했는가 보다. 나에게 방향 전환이 필요한 것이 아니라, 하나님이 필요할 때 하나님이 개입하시는 것이다. 이것은 내가 후에 깨달은 진리다.

대학 4학년 때, 행정고시 한 달을 남겨 두고 정신을 집중하여 준비하기 위해서 제각으로 올라갔다. 해질녘에 산에서 내려오다가 갑자기 발등에 가시가 찔린 느낌을 받았다. 나는 허리를 구부려 발등을 내려다보았다.

독사의 이빨 자국, 무엇이 꽉 무는 아픔을 느꼈다. 수건을 꺼내서 무릎을 꽁꽁 묶고 응급치료를 했다. 발은 퉁퉁 붓기 시작했다. 상당히 시간을 지체하고 병원에 도착하자마자 칼로 생살을 찢어 냈다. 고통에 신음하면서 잠을 이루지 못한 그 날 밤에 나의 가슴속 깊이 하나의 생각을 떨쳐 버리지 못한 것은, '나의 의지로 되는 것이 아니구나.' 하는 것이었다.

행정고시는 나를 기다려 주지 않았다. 병원에서 퇴원한 후에도, 해독 전문가를 불러다가 치료받고, 독사 이빨보다 더 뾰족한 침을 맞고, 약초 뿌리를 삶은 물에 발을 담그며 암울한 나날을 보냈다. 회복이 되었을 때, 대학 졸업과 동시에 군대 영장이 나를 기다리고 있었다. 내 계획대로 되는 것이 없었다.

그렇다면, 나는 누구의 계획대로 움직이고 있는 것일까?

나의 인생 드라마 각본은 누가 쓰고, 누가 연출하는가?

6
믿음의 병영생활

내가 3년 간 군 복무하는 것을 안쓰럽게 생각한 매형이 방위병으로 빠지라고 권유했다. 그의 외가 쪽으로 육군본부에 줄 닿는 사람이 있다는 것이다.

"매형! 말씀은 고맙지만, 나는 나라와 민족을 위해 일할 사람이니 부정하고 싶지 않아요. 나는 당당하게 3년 간 사병으로 마치겠어요."

1974년 6월 17일, 뜨거운 여름, 논산훈련소, 뙤약볕에서 6주간의 훈련은 정말이지 지독했다. 소대장 '소위' 계급 다이아몬드 하나가 스타처럼 위대했다. 훈련병에게는 호랑이보다 더 무서운 내무반장 계급이 '하사'인데, 하사를 자기 수족처럼 부릴 수 있는 지휘관이 소위란 말인가.

저 찬란하게 빛나는 다이아몬드, 재학 중에 합격하지 못할 줄 알았더라면 학군단(ROTC) 훈련을 받고 나도 소위 계급장을 달 수 있었는데, 아쉬움과 후회가 뒤범벅이었던 고된 훈련 시절이었다.

이글거리는 태양 아래서 가장 목마르게 찾는 것은 물이다. 그것은 목을 축여 갈증을 풀어 주는 것이며, 안전과 편안함을 구하는 것이다. 사막에서 한 방울의 물 앞에서는 인격을 잃는다고 했던가…. 성현 군자의 길을 걸으려 했던 나는 고된 훈련생활에서 철저히 무너져 내려갔다.

학창 시절에 나의 책상머리에 써 놓고 구호처럼 외쳤던 지기·극기·승리(知己·克己·勝利), "나를 알고, 나를 극복하면 승리한다."고 믿고 그렇게 살려고 했는데 나약한 나의 모습을 내 스스로 보게 되었다. 부정과 타협하지 않겠다던 나의 결심은 짧은 기간으로 제한된 '환란기'에서 여지없이 무너지고 말았다.

나는 학사 출신이며, 신체검사에서 갑종이니 하사관으로 차출될 것이 분명했다. 하사관으로 차출되면, 6개월 동안 후반기 훈련을 거쳐야 하는데 이것은 견딜 수 없는 지옥의 훈련으로 여겨졌으므로 나는 현실과 타협하기로 했다.

나는 고참 의무병을 찾아가서 5천 원의 뇌물을 주었다. 하사관 차출에서 빼 주도록…. 이왕에 편하게 군 생활을 할 수 있는 곳으로 배치되기를 바랐다. 스스로 부정을 저지른 것이다.

그 때 세상에는 나의 힘으로 할 수 없는 일이 너무나 많다는 것과 그것을 나의 능력으로 할 수 있다는 생각 그 자체가 자만이며, 어리석은 것임을 깨달았다.

나는 군에서 하나님을 찾았다.

이때부터 하나님을 찾기 시작했다. 찾는 자에게 하나님은 만나 주시겠다고 하신 그대로 어느 고요한 시간에 하나님께서 나를 만나 주셨다. 참으로 긍휼하신 하나님이셨다. 날마다 성경을 읽었다. 말씀이 꿀송이처럼 달다는 것을 이 무렵에 알았다.

기도하면 즉시 응답되었다. 단추 하나가 없어졌을 때, 군대에서는 그 조그만 것 하나 때문에 무거운 벌을 받을 수 있으므로 "하나님 단추 하나 주세요."라고 기도하면 그 즉시 땅에 떨어진 단추 하나가 보인다. 그 때마다 나의 믿음은 불쑥 불쑥 자라갔다.

훈련소에서 같은 훈련병 '국남주'를 만났다. 그는 외국어대를 휴학하고 입대했다고 했는데, 그는 나에게 흔들림 없는 경건 생활의 본을 보여 주었다. 그는 나에게 예수를 진심으로 영접하라고 가르쳐 주었다. 훈련기간 6주가 거의 끝날 무렵, 나는 그가 인도하는 대로 나의 죄를 회개하고 예수 그리스도를 진실로 나의 구주로 영접하였다.

하나님께서는 구체적으로 군 생활이 시작되기 전에 나의 믿음의 뿌리를 든든히 박기 위해서 '국남주' 형제를 나에게 보내셨던 것이다.

예수님을 영접한 후, 그 해 여름은 온 세상이 나를 위해 존재하는 것 같았다.

'사도신경과 주기도문을 외워야 하는데 어디서 그걸 얻을까?'

나는 마음으로 생각만 했는데, 참으로 희한한 일이 일어났다. 하늘에서 종이가 한 장 펄럭펄럭 내려오는 것이 아닌가! 주워보니까 주기도문, 사도신경이 적혀 있었다.

이 사실을 누가 믿겠는가? 악하고 교만한 죄인이 회개한 것을 미쁘게 보시고 하나님께서 친히 역사하셨을 줄 믿는다.

훈련을 마치고 강원도 철원에 있는 포병 부대에 배치되었다. 신병 환영식 자리가 조촐하게 마련되었다. 말이 환영식이라고 하지만 전깃불도 없이 침침한 호롱불이 깜박거리고 있는 초라한 막사에서 과자 몇 봉지에 막걸리 받아 놓고, 술잔 돌리고 노래 부르는 것이 고작이었다.

나에게 술잔이 왔을 때, 당당하게 "나는 크리스천입니다"라고 소리쳤다. 처음부터 예수 믿는 신자로 낙인 찍혀 두고 싶었다.

주일날 아침이면 "교회 집합" 소리에 제일 먼저 성경책 가지고 뛰어나갔다. 교회는 부대 밖에 조금 떨어진 곳에 있었다. 병영생활에 너무 피곤하여 교회에 앉으면 그 시간부터 잠이 쏟아진다.

하지만 나의 믿음은 불쑥 자라는 것을 스스로 느낄 수 있었다. 마침 부대 안에 신우회가 조직되어 있었으므로 소책자를 얻어 읽을 수 있어서 신앙지식 수준도 올라갔다.

'하나님은 살아 계신다!'

'하나님이 나와 함께하신다!'

무엇인가 좋은 일이 생길 것이라는 기대와 설렘으로 하루하루를 맞이하게 되니 사는 것이 즐거웠다.

"겨울에는 말이야. 영하 20~30도가 보통이라고. 동상에 안 걸리는 사람 없고, 얼어 죽는 사람도 생긴다."

어느 날 신참인 나에게 은근히 겁을 주면서 말하는 것이었다.

그 순간 나는 믿음의 생각을 하고 있었다.

'옳지. 내가 강원도에 왔으니 하나님께서 올 겨울 날씨를 따뜻하게 해 줄 것이다.'

강원도 겨울은 10월부터 이듬해 4월까지이며, 우리나라 날씨는 일반적으로 삼한사온이 교차되는데, 긴 겨울 내내 따뜻한 날씨를 어찌 기대할 수 있을까.

그러나 나는 믿었다. 전능하신 하나님이 적어도 나를 위해서 날씨를 바꾸어 주실 줄 믿었고 조금도 의심하지 않았다. 처음 믿을 때, 하나님께서 그 믿음을 성장케 해주시려고 시험도 주지 않고 즉각적으로 기도에 응답하시는데 이것을 꽃봉오리 믿음이라고 하던가. 한 번 피면서 한껏 꽃향기를 풍기고 그 자태를 곱게 드리운다는 뜻일까?

나에게 한 사건을 통해서 겨울을 따뜻한 곳에서 지내도록 보내셨다. 포병 부대에 배치되고 한 달 가량 지난 후, 부대원 주특기 측정시험이 있었다. 나의 주특기는 포병 관측으로 기록되었지만 사실 이 분야에 적어도 4주간 교육을 받아야 하는데 대학 졸업자라고 해서 그냥 넘겨주었기 때문에 아는 것이 별로 없었다.

첫 번째 측정시험은 사격 명령서를 작성하는 일이었다. 답안지 작성에 보통 2분 정도 걸리는데 나는 40초 만에 제일 먼저 끝냈다. 나는 수학의 삼각함수를 응용하여 풀어 나갔고 포병 장교들이 사용하는 '기준 교안'을 눈여겨보아 둔 것이 도움이 되었다.

"이번 측정에서 75포병대 이등병이 일등했다. 포단(연대)에서 일등이다."

야전 훈련 중에 포병 연대 사령부원들로부터 소문을 들었다.

'아, 하나님의 은혜 감사합니다.'

나는 입술로 주님을 찬양하였다.

부대원들의 진심 어린 축하를 받았다. 부대 창설 이후 처음 있는 일이고 부대의 이름을 빛냈다며 진심으로 칭찬해 주었다. 그 후부터 부대원들은 말단 사병인 나를 높여 주고 부드럽게 대해 주었다.

하나님께서 또 한 번 나를 높여 주신 일이 있었다. 포병 대대 600여 명 전원 사격시험이 있었다. 각 사병에게 18발을 쏠 수 있는 기회를 주는데 600여 명 중 18발을 완전 명중시킨 사병은 나 혼자뿐이었다. 또 한 번 일등의 영예를 얻었다. 아마도 나에게는 사격에 재능이 있는 모양이다. 훈련소에서도 나는 그 재능을 유감없이 발휘했었다.

훈련소에서 사격훈련을 하는데 내가 쏜 탄알 한 발이 어디로 날아갔는지 찾을 수 없었다. 조교가 표적지를 자세히 살펴보니 한 구명으로 두 발이 나간 것이 아닌가?

"이 녀석, 기똥찬 놈이네!"

하나님께 기도하며 쏘았기에 하나님께서 명중시켜 주신 것이었다. 작대기 하나, 말단 사병이었지만 무시당하지 않고 군대생활을 할 수 있어서 좋았다.

부상을 당해도 책임을 끝까지 지는 이유

군 생활에서 처음으로 맞는 한 겨울, 나는 뜻하지 않는 부상을 입었다. 피로 골절상이었다. 중대별 대항 체육대회를 개최하는데 중대원 130명 중에서, 구보(달리기) 선수 24명을 뽑아 10킬로그램의 완전군장을 하고 10킬로미터를 달리는 훈련경기였다.

이것은 군대에서 강훈련을 시킬 때 반드시 끼어 있는 훈련 프로그램이었다. 나는 아직 이등병이어서 이런 훈련 경험이 없었지만 한번 해보고 싶었다.

10킬로나 되는 무거운 군장을 하고 25리를 달리는 것은 나의 체력에 무리일 것이라고 생각하면서도 포대장에게 지원하겠다고 했다.

본 경기를 며칠 앞두고 연습이 시작되었다. 날마다 10킬로미터를 달렸다. 계속된 훈련으로 전신에 피로가 쌓이고 발목이 조금씩 아프기 시작했다.

드디어 대회 날이 왔다. 포병대 정문에 선수들이 달릴 준비태세를 갖추고 출발 신호에 귀를 기울이고 있었다.

"탕!"

출발! 머리에는 철모, 어깨에는 M1 소총, 등에는 10킬로그램짜리 배낭이 나를 짓눌렀다. 500미터쯤 달렸을 때, 갑자기 발목에 통증이 오기 시작했다. 하늘이 노랗게 보였다.

'오 하나님, 도와주세요. 제가 낙오자가 되어서는 안됩니다. 나는 당신의 아들이 아닙니까? 부대원들이 저를 그렇게 알고 있잖아요. 49분 안에 목적지점을 돌파해야 합니다. 한 사람 낙오자마다 2분을 추가하게 되어 있어서 제가 낙오되면 51분이 되고, 우리 부대는 저 때문에 꼴찌가 됩니다. 하나님, 나에게 힘을 주세요.'

나는 낙오자가 될 수 없었다. 이 부대에 오자마자 나는 크리스천이라고 큰소리로 선언하지 않았는가? 내가 낙오되면 신자의 이름은 어떻게 될 것인가?

한 발 뛸 때마다 오는 통증은 말로 표현할 수 없었다. 골절부상으로 주저앉으면 앰뷸런스가 실어가면 끝나지만, 그 다음 크리스천이 욕먹는 일은 어떻게 감당할까?

이빨을 악 물었다. 뼈가 끊어져도 뛰리라. 사실 내가 신자라는 말만 안 했어도 그 자리에 주저앉았을 것이다. 중간 5킬로미터 회귀지점에서 돌아올 때, 계속 하나님을 부르면서 뛰었다. 정신없이 뛰고 또 뛰면서 '아, 이게 지옥의 고통이구나!' 라는 생각을 하고 있었다.

마침내 10킬로미터를 돌파하고 정문에 골인하였다. 대열에서 조금도 떨어지지 않고 달려온 것이다.

"챠리 포대 49분, 일등!"

"아, 하나님! 도우심을 감사합니다."

나는 그 자리에서 감사기도를 드렸다. 그 날부터 나는 골절로 절름발이가 되었지만 병원에 가 봐야겠다는 것은 전연 생각하지 못했다.

그 날 밤에도 어김없이 보초를 서지 않으면 안되었다. 나는 교대 시간에 맞추어 깨어 일어났다. 나는 옷을 주섬주섬 걸치고, 총을 메고 보초 교대를 하기 위해 발걸음을 옮겼다. 심한 통증이 오고 한 발자국도 걸을 수 없었다.

'선 보초는 내가 와서 교대해 주기를 기다리고 있을텐데⋯⋯.'

하는 수 없이 진눈깨비 눈이 깔릴 땅을 포복으로 기었다. 걸어서 2분 거리를 10분이나 걸려 보초교대를 했고, 보초를 선 후에 다시 20분 동안 기어서 돌아왔다. 군대에서는 책임이 이렇게 무섭다. 자기 임무에 충실하지 않으면 국토를 지킬 수 없다. 아프다고 엄살 부리면 쉴 수도 있었다. 그러나 그게 내 성미에 맞지 않을 뿐이다.

며칠 지났으나 회복되지 않아 의무대를 찾아갔다. 군의관의 결정에 따라 나는 포천의 '101 야전병원'으로 후송되었다.

겨울 3개월을 나는 따뜻한 병실 포근한 침대에서 충분히 휴식을 취했다.

내가 강원도에 왔으니 하나님께서 올 겨울 날씨를 따뜻하게 해 줄 것이라는 나의 꽃봉오리 믿음을 귀하게 보신 하나님께서 이토록 환경을 바꿔 주심으로써 응답해 주신 것이다. 아마 나를 위해서 겨울철에 따뜻한 날씨를 주었다가는 생태계에 이상이 초래될까봐 하나님께서 나 혼자만 뽑아내어 따뜻한 겨울을 지내게 하셨으리라.

"무엇이든지 기도하고 구하는 것은 받은 줄로 믿으라. 그리하면 너희 에게 그대로 되리라"(막 11:24)

군수과에서 쫓겨나다

후송 병원으로부터 자대로 복귀하여 몇 개월 복무하는 동안 군수과 행정병으로 차출되어 전임명령을 받았다. 예삿일이 아니었다. 이것은 특진이나 다름없기 때문이다. 그 동안 짧은 군 생활이었지만, 포병대 내에서 이런 저런 일로 유능한 사병으로 알려진 데다 학교 선배였던 학군단 출신 김 중위의 추천이 유효했었던 것 같다.

그럼에도 불구하고 군수과는 내 성미에 맞지 않았다. 세도나 기세가 당당한 보직이어서 누구나 선호하는 시쳇말로 '끗발' 날리는 자리라는데….

어느 날 사단으로부터 우리 부대원 부식품으로 닭 100마리를 배당 받아 싣고 오는 길이었다. 초소에 이르렀을 때, 헌병이 차를 정지시키고 차에 오르더니 부드러운 말로 상급자가 제대하게 되었는데 회식에 쓸 닭 몇 마리만 달라고 했다.

"안됩니다!"

나는 단호히 거절했다. 그 순간 그의 당황한 모습이 역력했다. 햇병아리 일등병에게 헌병이 거절당할 것은 전연 예상치 못한 듯, 헌병은 부드러운 태도를 바꾸어 이번에는 강압적으로 나왔다. 내가 계속 버티고 있으니까 선임 탑승 하사관 상사가 끼어들었다.

"어이 박 일병! 닭 한 마리 줘!"

"안됩니다. 이것은 우리 부대원의 몫입니다."

그 당시 사단장이 부탁해도 듣지 않았을 것이다. 일등병에게 무안당하고 내려가는 그의 심기는 어떠했을까?

문제는 그것으로 끝나지 않았다. 예의 헌병 초소에서는 우리 부대 소속의 차가 지나가면 정지시켜 놓고 사사건건 시비를 걸고 트집을 잡았다.

수송 부대원들의 불평이 이만 저만이 아니었다.

"군수과 박 일병 때문에 우리가 괴롭다."

어느 한 사람 나의 행동에 대해서 잘했다고 격려해 주는 사람은 없었고, 오히려 나를 바라보는 눈초리가 험악해져 갔다. 경상도 출신 김 하사는 나를 붙들고 나무랐다.

"박 일병! 군 생활을 왜 그렇게 어렵게 하나? 네 것도 아닌데 하나 던져 주면 너도 편하고 다른 사람도 괴롭지 않을 텐데. 너 혼자

성인군자 된다고 달라질 것이 뭐가 있나?"

대대장 비서로 있는 선임 하사관이 나를 창고로 불렀다. 들어가자마자 군화발로 나의 정강이를 걷어찼다. 이유는 행동이 느리고 도도하다는 것이지만 실제로는 융통성 없는 나의 곧은 성격에 대한 보복이었다.

군 생활을 편하게 하려면 자기주장이 없어야 하고, 상관의 말이면 이유 없이 신속하게 움직여야 하는데 나는 천성적으로 나의 의지에 반하여 수동적으로 움직이는 것이 싫었다.

나는 군수과장에게도, 직속상관에게도 인정받지 못했다. 결국 군수과에서 쫓겨나고 말았다. 포병대로 돌아왔으나 나를 기다리는 것은 종일 삽으로 흙을 파고, 소쿠리에 흙을 담아 나르는 벙커 건설 작업이었다.

군 생활 11개월 만에 첫 휴가! 휴가 전날 밤은 설렘으로 잠을 이루지 못했다. 드디어 자유와 해방을 맞는 첫날이 밝아 왔다. 내가 처음으로 모은 돈으로 아버지가 좋아하시는 개고기를 사 들고 고향에 들어섰다. 군 생활에서 받는 급여가 고작 월 800원 정도지만, 월급 타면 빵 몇 개 사 먹고 구두쇠 작전으로 모았기 때문에 부모님에게 선물을 살 여유가 있었다.

아버지에게 선물을 한다는 것이 그렇게 기분 좋을 수 없었다. 시집 간 누님들이 명절에 친정에 올 때, 인절미 석작에 정종 한 병, 삶은 닭 한 마리, 산채나물…, 선물을 가져올 때의 기분이 이러 했을까?

아버지에게 절하고 그 기뻐하시는 모습을 찬찬히 보고 있는 동안, 텃밭에서 일하시던 어머니는 일 년 만에 집에 돌아온 아들을 보려고 맨발로 뛰어 오셨다.

내가 부모님과 고향을 그리워했던 것보다 부모님은 더 나를 보고 싶어 하고 염려했던 모습이 역력했다. 아들을 반기는 두 분의 마음을 온몸으로 느낄 수 있었다.

그런데 집 안에는 낯모르는 젊은 새댁이 있었다. 어머니가 눈짓을 하며 나를 소개했다.

"너의 시숙이다. 인사해라."

나는 얼떨결에 인사를 받았다. 그녀는 내 동생 영문의 아내였다. 내가 형인데 동생이 먼저 장가를 간 것이다. 부모님이 보기에 둘째 아들이 아직 갈피를 잡지 못하고 있으니 짝을 지어 주면 둘이서 인생을 헤쳐 나갈 수 있을까 싶어 혼인을 서둘렀다는 것이다. 결국 동생의 결혼으로 나의 결혼도 그만큼 빨라지게 되었다.

25일의 휴가는 너무나 짧았다. 긴 하루쯤으로 여겨지는 시간이었다. 첫 휴가를 한 번 다녀올 만큼의 군대 밥을 먹으면 병영생활은 그런 대로 익숙해지고 맛이 들어간다.

3박 4일간 전 연대가 동원되는 전투훈련이 있었다. 나는 보병연대와 함께 실시하는 100킬로미터 행군에 참여하였다. 완전군장을 하고 오후 5시에 출발하여 다음 날 아침 10시경에 도착하는 17시간의 행군훈련이었다. 그냥 걷는 것이 아니라 절반은 구보 행군이었다. 허약한 한 보병이 행렬에서 조금 이탈하게 되었을 때, 하사가 달려오더니 총 개머리판으로 후려치는 것을 보았다. 나는 행군하면서 줄곧 지옥의 참상을 상상하고 있었다.

'지옥의 사자 마귀는 총 개머리판 보다 더 단단하고 질긴 채찍으로 죄인들을 무자비하게 후려갈기겠지.'

훈련의 목적이 포병과 보병이 다르기 때문에 포병에게는 중간에 차를 타는 혜택을 주었으므로 나는 쓰러지는 것을 겨우 면할 수 있었다.

내가 군수과 행정병에서 쫓겨나지만 않았다면 이런 지옥훈련을 받지 않고 편안하게 자동차나 타고 다녔을 것이다. 3박 4일간 연일 진격, 후퇴. 실전에 방불한 훈련을 치러야 했지만 나는 이 훈련에서 참으로 소중한 경험을 쌓게 되었다.

이런 훈련에서는 발에 물집이 생겨 고생한다는 말을 듣고 미리서 양말에 비누칠을 하고 뛰었다. 오직 인내로 승리를 향하여 뛰지 않으면 안 되었다. 인내하지 않으면 낙오이며, 낙오는 곧 죽음이라는 것을 이 전투 훈련에서 몸으로 체득할 수 있었다.

잊을 수 없는 믿음의 친구들

나의 군 생활 중에서 잊을 수 없는 사람이 또 있다. 수송부에 근무했던 노영상, 그는 믿음의 손으로 나를 붙잡아 주었다. 나에게 기도해 주며 힘과 용기를 심어 주었던 그는 어디에 있든지 주님을 증거하며 살아갈 것이다. 그 얼굴에 승리의 빛이 늘 감돌고 있었던 노영상, 사람의 영혼을 승리케 하는 주의 귀한 사역자의 삶을 살고 있을 것이다.

훈련소에서는 나에게 주님을 영접하도록 도와준 국남주가 있었고, 포병부대에서는 고된 군 생활을 믿음으로 승리할 수 있도록 늘 격려해 준 노영상이 있었다.

주님은 나를 늘 혼자 있게 하지 않으시고 에덴에서 아담을 위하여 돕는 자를 창조해 주신 것처럼 나의 곁에 믿음의 사람을 붙여 주셨다.

고난 중에서도 나의 신앙은 더욱 깊어지고 영글어 갔다. 신약성경은 여러 번 읽었다. 이번에는 구약성경을 읽고 싶었다. 나에게 구약이 없었기 때문에 빌려와서, 밤에도 시간을 내어 읽었다. 병영생활에서 밤에 성경을 읽는다는 것은 쉬운 일이 아니었다. 군 생활에서 취침시간은 총 8시간이지만, 취침 중간에 2시간 보초를 서야 하므로 30분 앞서 깨어나 옷 갈아입고 교대 보초 서고, 돌아와 몸을 녹이면 잠을 잘 수 있는 시간은 5시간에 불과해 늘 수면이 부족하기 때문이다.

시간이 없어도 틈을 내어 성경을 읽는 맛이란 경험해 보지 않은 사람은 알 수 없을 것이다. 구약을 남에게 빌려 볼 것이 아니라 다음 휴가 때에는 신구약 성경전서를 하나 장만하리라.

신구약 성경을 보내 준 처녀

그러던 중 어느 날 나에게 소포가 배달되었다. 보낸 사람의 이름은 정형순이었다.

'정형순, 정형순이 누구길래 나에게 소포를 보냈을까?'

누구일까 기억을 더듬으면서 소포를 뜯어보니 성경이 들어 있었다. 내가 그토록 사모하고 갈급하던 신구약 성경책이었다. 더욱이 국한문 혼용이어서 읽고 이해하기가 좋았다.

'아! 시영이의 고모였구나.'

생각이 났다. 몇 년 전 친구 시영이 고모 집에 갔을 때, 그녀가 너무 예쁘게 보여서 사귀고 싶다고 내 친구에게 농담처럼 얘기했던 그 처녀였다. 시영이와 내가 계속 편지를 주고받고 있었기 때문에, 그녀도 나의 근황을 다 알고 있었던 것이다. 그녀는 나보다 일찍 믿음을 가졌는데, 내가 갓 신앙을 가진 줄 알고 소중한 선물을 보냈던 것이다. 하나님께서 나의 속마음까지 헤아리시고 필요를 채워 주셨다. 내가 확신 있게 말할 수 있는 것은 하나님의 말씀은 살아 있다는 것이다.

상병시절에 휴가를 얻어 친구 시영이를 찾아갔다. 그의 고모가 나에게 성경책을 선물로 보내 준 것에 대해 감사하다는 말을 전해 달라는 것이었고, 답례의 선물로 내가 읽고 감명 받았던 책,《죽으면 죽으리라》(안이숙 지음)를 나를 대신하여 전달해 달라고 부탁했다.

그는 나의 부탁을 들어줄 수 없다고 두 손을 내저었다.

"여보게, 만나서 직접 전하게."

"아냐. 쑥스러워서 어떻게 만나? 내 대신 잘 전해 주게."

하라, 못하겠다, 실랑이가 벌어졌다.

"좋아, 자네가 못 전해 주겠다면 소포로 부치겠어."

그제야 그의 속마음을 털어놓았다.

"이봐, 휴가 나왔으니 우리 고모 꼭 좀 만나 보게. 우리 고모도 은근히 기다리고 있는 것 같아."

그녀를 만났다. 성경책 보낸 선물에 답례하는 형식의 만남이었지만, 두 사람도 모르게 필연적인 만남으로 진전되고 있었다.

5월의 봄날, 우리는 함께 광주공원을 걸었다. 봄이 만개하여 찬란한 여름을 준비하는 5월의 공원은 마치 두 사람의 만남에 어떤 의미를 부여해 주었는지도 모른다. 서로가 말은 없었지만 마음으로 대화를 엮고 있었다.

벚꽃이 지고 가지마다 잎들이 풍성하게 자락을 펼치고 있는 사이로 비치는 5월의 부드러운 햇살이 우리를 동심으로 이끌어 주는 듯싶었다. 그리고 두 사람이 다 눈치 채지는 못했을지라도 마음의 끈이 연결되고 있었다.

그러나 우리는 다시 만날 약속을 하지 않았다. 나는 내면의 마음을 표현할 줄도 모르는 무식한 사람이다. 화순행 시외버스 터미널까지 바래다주었을 뿐이다. 서서히 움직이는 차창 사이로 비쳐진 그녀의 모습에서 이별의 아쉬움을 느낄 수 있었다.

그 한 번의 만남이 결혼으로 이어질 줄은 꿈에도 몰랐다. 역사는 만남으로 시작한다던가. 광주공원을 거닐었던 그 만남에 나는 데이트의 의미를 부여하지 않았는데, 다른 사람이 보기에는 분명히 젊은 남녀의 데이트였을 것이며 다정한 짝으로 보였을 것이다.

그 날 따라 우리의 역사가 만들어지려고 그랬는지 가삼동 고향사람들이 단체로 광주공원에 놀러 왔고, 어머니도 우리 두 사람의 모습을 보고 말았다. 삽시간에 소문이 고향 마을에 퍼졌다.

"영우가 광주공원에서 데이트했다네."

어머니가 제일 기뻐하시고, 말이 없으신 아버지도 캐물으셨다. 동생을 먼저 장가보낸 지 일 년이나 지났으니 형인 나를 속히 보내야 되겠다고 생각하신 것 같았다. 나는 거의 사흘 동안 결혼 문제를 가지고 고민했다. 그리고 얻은 결론은 이러했다.

"나의 목표는 고시합격이다. 계속 공부하려면 부모님을 모시고 가정에서 일할 사람이 필요하다."

휴가기간 동안 아버님이 그녀를 직접 만나 봐야겠다고 하신다. 그녀는 처음부터 아버지의 눈에 흠뻑 들고야 말았다. 다방에서 차를 드시고는, "어이, 차 하나 더 가지고 와"라고 하셨다. 차를 막걸리 마시듯 하려 하신다. 이것은 기분이 좋다는 표현이다. 그 때부터 혼인문제는 급속도로 진전되었다.

귀대 후, 제대 8개월 남은 기간 동안 줄곧 나는 그녀에게 편지를 썼다. 군 우체국에서 규정한 편지 한 장당 20그램을 넘지 않는 한도 내에서 될 수 있으면 더 많은 사연들을 쓰려고 애썼다.

마음은 이미 그녀에게 가 있었다. 짧은 만남이었지만 순간순간을 더듬어 보면서 사랑의 끈을 단단히 묶고 있었다. 그럴 때마다 그녀에게 마음으로 부드럽게 말하고, 마음으로 그녀의 따뜻한 손을 잡았다.

누군가 사랑은 기다리는 것이라고 했던가. 기다림은 희망이라고 했던가. 병영생활에서 편지를 기다리는 것이 나의 또 하나의 기쁨이며 일과가 되었다.

또한 이 시기는 내 인생의 의미를 새롭게 하는 시기였다. 내 앞에 펼쳐질 인생의 여정들에 사명을 부여하는 시기였다. 제대 여섯 달을 남기고 있을 때, 나의 인생관, 가치관이 바뀌기 시작했다. 나의 깊은 내면의 대지(大地)에 '하나님의 종'이라는 생각의 씨가 심어졌다. 목사직은 세상의 장관보다 국회의원보다 값지고 아름다운 것, 그것은 내게 가치관의 중대한 전환이었다.

사람을 변화시키는 것은 정치나 교육이나 지식이 아니라 오직 하나님의 말씀으로 변화시킬 수 있다는 확신이 왔던 것이다. 나를 변화시킨 것은 성경말씀이었기 때문이었다. 전에는 인생을 선하게 사는 것이 중요하다고 생각했으나 인간이 선하게 살겠다고 노력해서 되는 것이 아니라는 것을 간파한지는 오래였다.

나는 인간의 선의 한계를 인식하면서 절대 주권자이신 하나님만이 인생의 문제를 해결할 수 있는 열쇠를 가진 분이라는 믿음의 소유자가 되었다.

나는 아내 될 사람에게 결혼 약속을 하기 전에 세 가지 다짐을 받았다.

첫째, 나는 나라와 민족을 위해서 일할 사람이다. 도산 안창호 선생은 독립 운동하면서 20년 간 부인에게 치마폭 하나 해 준적 없고 자녀들에게 연필 하나 사준 적 없다는데 그만한 각오가 되어 있는가?

둘째, 결혼 후, 3년간은 조용한 곳을 찾아 공부해야 되니 부모님 모시고 시골에서 농사지으며 살 수 있겠는가?

셋째, 내가 앞으로 목사가 될 지도 모르겠다.

그녀는 위의 둘째까지는 각오를 단단히 하고 있는 듯 한데 목사가 될지 모른다고 하니까 안색이 좋지 않았다. 전에 어느 신학생의 청혼을 거절한 적이 있다고 했다. 지금 생각해보면 세 번째 항목을 넣어 놓기를 잘했다.

아직도 6개월이나 남은 제대 날을 손꼽아 기다리며 그녀가 보내준 사진을 보고, 편지는 종이가 닳도록 읽었다. 그리고 정성껏 편지를 써 보냈다. 제대 말년에 나에게 큰 즐거움은 사랑하는 그녀와 늘 마음으로 함께 있는 것이었다.

전방 철책선 안의 평화

고참이 되면서 나는 G. P. 근무 명령을 받았다. 남방 한계선과 휴전선 사이의 벙커에서 근무하는 일인데 북한군이 남쪽 침투를 위하여 뚫어 놓은 제 2땅굴이 발견된 지역이었다.

바로 앞에는 북한군이 요새로 구축한 오성산이 버티고 있었다. 군용기가 이착륙할 수 있고 평양까지 지하도가 연결되었다는 오성산 요새는 바라보기만 해도 으스스한 기분이었다.

1976년 9월이었다. 판문점에서 믿지 못할 사건이 일어났다. 북한군이 판문점 미루나무 밑에서 미군을 도끼로 찍은 소위 '판문점 미루나무 도끼 사건'이었다.

전군비상이 선포되고, 전쟁이 터질 일촉즉발의 순간이었다. 전방이나 후방을 막론하고 긴장이 감돌고 있었다. 나에게 주어진 임무는 포대경을 통해 적의 동태를 관찰하고 보고하는 것이었다.

북한군의 움직임이 심상치 않았다. 대부대가 전방으로 이동하는 상황이 포대경에 의해 감지되었고, 차량이 몇 대가 움직이고, 병력이 얼마나 움직이고 있는가를 유선을 통해 보고하였다.

G. P. 근무자는 철책선 안에 투입되므로 전쟁이 터지면 철수 계획이 없었다. 거기에서 임무를 완성해야 하고, 거기서 조국을 위하여 장렬한 최후를 마쳐야 했다. 그래서 이곳의 근무자는 생명수당을 별도로 받게 되어 있어서 나는 하루에 40원을 받았다.

적군 관측소와 내 위치와의 직선거리는 불과 800미터, 더구나 아군 포병 벙커는 맨 앞쪽이고 그들과 제일 가까운 거리에 있어서 적군이 쏘는 대포에 벙커가 파괴되면, 임무수행이 어려울 것이라는 데에 생각이 미쳤다. 전쟁이 시작되면, 벙커가 무너지는 것은 시간문제였다.

'만일 전쟁이 시작된다면 어떻게 나의 임무를 수행할 것인가?'

나는 나의 현 위치에 대하여 가상 전쟁 시나리오를 생각해 보았다.

나는 적군의 동태를 살핀다.

적군이 위치하고 있는 지점을 파악한다.

그리고 그 지점을 지도로 확인하여 포병대에 무전기로 연락한다. 이어 사격명령으로 곡사포 부대는 그 지점을 향해 사격한다.

그런데 만일 적의 공격을 받아 이 벙커가 파괴된다면, 나는 정확한 측정보고를 할 수 없으므로 포병부대는 사실상 눈을 잃어버리고 그 구실을 제대로 할 수 없게 된다.

'무엇보다도 위기 상황에서 무선망이 파괴된다면 끝장이다. 대책을 세우자.'

그래서 나는 벙커 통로 길을 파고 새로 유선 작업과 무선 안테나 작업을 하였다. 만일 포대망이 설치된 벙커가 파괴되면 제 2의 임무 수행 장소를 예비해 둔 것이었다.

동료들은 "이봐, 박 상병, 죽을까 봐 겁나나?" 하고 놀려댔다.

"죽을 때는 죽더라도 임무수행은 해야 되지 않는가?"

나는 철책선 안 벙커에 근무하면서, '저 높은 곳을 향하여'(491
장)를 불렀다.

의심의 안개 걷히고 근심의 구름 없는 곳
기쁘고 참된 평화가 거기만 있사옵니다
내 주여 내 발 붙드사 그 곳에 서게 합소서
그 곳은 빛과 사랑이 언제나 넘치옵니다

휴전선의 아침은 안개가 자욱하다. 동녘에서 해가 떠오르면서
안개는 서서히 걷혀지고, 거대한 산의 자태가 드러나기 시작한다.
저 북녘 땅을 향해 바라보면 의심의 안개 자욱해도, 내가 서있는
이곳은 근심의 구름 없고, 빛과 사랑이 있는 곳.
찬송을 부를 때 두려움이 사라지고 내 속에서 생명의 환희가 약
동했다. 찬송 속에 그리움이 묻혀지고 긴장과 불안이 스러지며, 외
로움과 공허함까지도 썰물처럼 밀려 나갔다.
1977년 1월 25일, 고대하던 제대 날, 나의 수중에는 3년 동안
월급을 절약하여 모은 돈 25,000원이 있었다. 어찌 보면 나에게는
거금이었다. 상병 시절, 생명수당 40원을 합하여 월 급여는 2천 원
에 불과한데, 일 년 동안 한 푼도 쓰지 않고 고스란히 모아야만 하
는 금액이기 때문이다.
나의 절약성은 사실 어제 오늘이 아니다. 중·고등학교 시절에

도, 시골집에서 쌀과 김치를 가져다 먹을 때, 버스 정류장에서부터 자취하는 집에까지 쌀자루는 어깨에 메고, 김치 독은 새끼줄로 묶어 들고 먼 길을 걸어 다녔다. 택시를 타는 것은 상상할 수도 없는 얘기이고, 겨우 10~15원에 학생들의 짐을 져 나르기 위해 정류장에서 대기하고 있는 지게꾼까지 외면하고 아낄 때도 있었다.

7
나는 믿음 때문에
아버지 집에서 쫓겨났다

제대하고 고향에 내려오자마자 나의 혼사는 급속도로 진전되었다. 1977년 2월 3일에 결혼식을 올렸으니 제대한 지 7일만이었다. 직업도 없는 나는 신혼살림을 책임질 수 없어 신혼여행도 가지 못하였고, 신혼살림이래야 고작 20일로 끝을 맺었다.

당장 내게 급한 것은 '고시공부'였다. 한가로이 신혼의 단꿈에 젖어 있을 수 없었다. 수험준비를 위해 아내를 부모님 댁에 두고 광주에서 자취하며 학교에 다니고 있는 막내 동생 영욱이의 자취방으로 옮겨왔다. 신혼의 꿈, 우리들에게 그것은 당장 가까이 다가올 장밋빛 행복이 아니었다. 그것은 기다림이었고 꿈이었다. 그 꿈은 수평선 너머에 있었다.

간혹 아내가 쌀과 반찬을 가지고 찾아왔다. 이처럼 간간이 만날수록 반가운 마음에 앞서 나를 짓누르는 마음의 무게를 느꼈다. 단칸방, 아내가 찾아올 때면 그 비좁은 방에서 할머니, 동생과 함께 잤다. 한없이 착하기만한 여자, 그의 성품 그대로 모든 일이 잘 되리라고 믿고 스스로를 위로했으리라. 일 년을 이렇게 서로 떨어져 지냈다.

그 무렵 나의 인생이 다른 방향으로 나가고 있다는 것을 나는 전혀 눈치 채지 못했다. 그것도 신앙문제로 인하여.

궂은 날은 기분도 언짢고 마음도 어둡다. 창밖의 빗줄기를 바라볼 때면 더욱 우울하고 마음에는 불안의 그림자가 드리워진다.

예수 믿는 사람을 원수처럼 여기는 아버지가 어느 날, 고목나무에 새긴 십자가 십계명판을 찾아내고 내가 없는 새에 그것을 불로 태워 버렸다. 내가 군에서 고목에 십자가를 그리고 첫 계명, 둘째 계명을 새겨 기념으로 가지고 왔는데, 그것이 아버지 눈에 띈 것이다.

아버지는 나를 불러 설득했다.

"네가 논 몇 마지기 나 몰래 갖다 팔아먹어도 그냥 넘길 수 있다. 그러나 예수는 안 된다. 네가 예수 믿는 것은 우리 가문을 먹칠한 것이고, 날 죽이는 것이다."

아버지의 불같은 성격에 타협은 불가능했다. 겨울 땅처럼 꽁꽁 얼어붙어 버린 아버지, 그 날 아버지에게서 불신과 하나님께 대한 반역을 보았다. "나를 죽이는 것이라"고 아들을 설득했던 아버지, 아버지가 신봉하는 유교는 종교 그 이상이었고, 아버지에게는 그것이 생명만큼 귀중한 것임에 분명했다. 나 역시 생명을 포기할 수 없었다.

믿음이란 누구 편에 서야 하는가, 누구를 사랑해야 하는가를 결단하는 것이다. 그것은 생명과 멸망의 갈림길이었다.

"네 식구 데리고 나가라!"

아버지의 결단이었다. 이것은 부자지간의 결별 선언이었다. 결혼한지 일 년 만에 아내와 나는 부모님 집에서 쫓겨났다. 밤 열시가 넘은 시간에 아내와 나는 칠흑 같은 어둠 속으로 내동댕이쳐졌다. 마음속에 빗물처럼 흘러내리는 처절함, 그러나 분노도 원망도 없었다.

우리는 비 오는 날, 울타리 사이에 미처 비를 피하지 못하고 웅크리고 있는 한 쌍의 굴뚝새였다. 고생 끝에 낙이라더니, 고생 끝에 첩첩산중이 있을 뿐이었다.

불쌍한 여자, 어쩌자고 나 같은 사람 만나 신혼 초부터 고생길에 접어들게 되었을까? 이제 우리끼리만 사랑하고 돕고 의지하며 살라는 하나님의 섭리일까?

나는 문득 아브라함을 생각했다. 고향과 친척, 아버지 집을 떠나라고 한 명령에 순종하고 갈 바를 알지 못하고 떠났던 아브라함, 믿음을 따라 간 아브라함의 마음의 평정을 생각해 보았다.

믿음 때문에 일어난 아버지와 나의 분쟁이었지만, 이것은 분명히 아버지의 집을 떠나라는 하나님의 명령일지도 모를 일이었다. 그렇다면 아브라함처럼 하나님이 예비하신 섭리가 있을 것이며, 주님께서는 결단코 나의 곁을 떠나지 않으실 것이다.

그러나 믿음의 사람, 아브라함과는 달리 나는 몸도 마음도 연약하고 무거웠다. 수중에 가진 돈도 없었다. 광주까지는 가야 되겠는데, 50리 길을 이 밤중에 어떻게 걸어갈까?

그 날 밤, 빈 트럭을 만나 광주에 도착하였고, 동생 영욱이의 자취방에서 함께 지내게 되었다. 이때부터 내가 할 수 있는 일이란 오직 하나님께 매달리는 것이었다.

그 동안 광주중앙교회에 출석하다가 신안교회로 옮겼는데 제대를 앞두고 최전방에서 근무하던 시절에 "제대하면 매일 새벽기도 나가리라"고 한 결심을 상기하고 거리가 가까운 교회를 선택한 것이었다. 주일에는 공부하지 않고 성경책과 신앙서적을 읽었다. 믿음이 날로 성장하는 것 같았다.

8
새로운 터전
믿음의 보금자리

열심이 지나친 중등부 교사

나는 신안교회에서 열심히 신앙생활을 했다. 새벽기도회는 나의 일상의 일과가 되었고 교회봉사에도 열심이었다.

중등부 2학년 여학생 반 교사가 되었다. 주일이나 중·고등부 교회생활 경험도 없었지만, 믿음생활에 열심이 있는 것을 보고 시켜준 것이다. 교회 성도들이 나를 알아주는 것이 고맙고, 또 나를 믿고 맡겨 주신 목사님의 신뢰에 감격했다. 그리고 내 스스로도 교사의 의젓함에 놀라고 있었다.

어떻게 하는 것이 일을 잘 하는 것인지 몰라도 열정을 다하여 뛰었다. 주일 오후에는 심방하고 전도하러 다녔다. 내 반의 아이들이 얼마나 귀여운지 몰랐다. 모두 천사 같고, 파란 하늘처럼 맑아 보였다. 내 아이들처럼 그들이 자랑스러웠다. 한 사람 한 사람에 관심을 가지고 기도하였고, 발자국 소리만 들어도 누구인지를 알아차릴 정도였다.

주일 아침 9시, 중등부 예배시간 보다 더 일찍 와서 내 반의 아이들마다 너무 반가워서 머리를 쓰다듬어 주었다. 그런데 한 여학생이 엄마에게 이런 말을 한 모양이다.

"엄마! 우리 선생님이 이상해. 내 머리를 쓰다듬어 주고 이상하게 대해."

그 학생의 어머니가 담임목사에게 이 말을 전하는 것은 당연한 일이었다. 열심이란 것도 보기에 따라 달라지는 것이다. 내가 계속해서 그 반을 맡아서는 안 된다는 분위기였으므로 나는 사표를 내지 않을 수 없었다.

사표를 낸 후에도 나는 중등부 9시 예배에 참석하여 맨 뒤에 앉아 있었다. 그리고 내가 맡았던 아이들 중에 누가 출석하고, 누가 결석했는가를 습관적으로 살펴보았다.

목사님은 나의 마음을 꿰뚫어 보셨는지 나에게 중등부 설교를 시켜 주셨다. 설교준비를 얼마나 성실하게 했는지 아마 지금도 그렇게 할 수만 있다면 오늘보다 우리 교회가 더 크게 성장했으리라.

교사에 대한 나의 헌신과 열정은 식지 않았다. 나에게 다시 한 번 기회가 왔다. 2학기가 되었을 때, 마침 고등부 3학년 여학생반 담임교사가 입대하게 되었으므로 목사님은 그 반을 나에게 맡겼다.

고3 여학생 반을 맡겨주신 것을 보니 목사님이 나를 의심하지 않으시구나 생각되어 감사했다.

나는 전도에 불이 붙었다

나는 교회와 주님께 더욱 충성하고 싶었다. 전도는 교회의 생명이고 또 나의 생명을 유지하는 원동력이라는 것을 깨닫기 시작할 때, 나의 전도열정에 더욱 불이 붙었다.

나는 전도할 때, 지옥의 뜨거운 불을 생각했다. 뜨거운 불구덩이에서 고통 하는 사람들을 생각할 때 나는 가만히 앉아 있을 수 없었다.

아내와 함께 틈을 내어 전도하러 나가기도 했지만, 나는 공부를 해야 하기 때문에 아내에게 매일 전도 나가라고 성화를 댔다.

교역자도 아니고 더구나 집사도 아닌데 왜 이렇게 전도에 불이 붙었는지, 하나님께서 나에게 무엇인가 준비시킬 일이 있어서 마음에 열심을 불어넣으시고 훈련을 시켰던 것임이 분명하다.

남편이 전도하러 나가라고 달달 볶아대니 안 나갈 수도 없고, 생계는 어렵고, 그 시절에 아내는 아마도 고달픈 하루하루를 보냈을 것이다.

어느 날 아내는 미용실에서 머리를 커트하고 돌아왔다. 나는 불끈 화가 치밀어 "그 시간에 전도해야지 한가롭게 미용실에 앉았다가 왔느냐?"고 냅다 소리를 질러댔다.

세상에 전도하는 일 때문에 부부싸움이 일어나다니. 전도 때문에 일어난 부부 갈등은 간단하게 봉합되지 않았고 그 후유증도 만만치 않았다.

하지만 나에게 있어서 전도는 너무도 당연한 일이었다. 예수 믿는 사람이 예수를 전하는 것은 의무일 뿐 아니라, 천국과 지옥이 있다고 진실로 믿는다면, 사람들에게 그것을 알려 주어야 하지 않겠는가? 이것이 나의 확실한 전도 동기였다.

"이제부터 당신이 미인계라도 써서 청년들을 데려와."

사실 미인계가 무엇인지도 모르고 전도하라고 아내를 압박했다. 전도는 신자가 우선적으로 해야 할 일이니 수단 방법을 가리지 말라는 뜻이었다. 나는 전도의 내용이나 방법을 배운 적도 없고 전도의 동기도 약한 편이었으나 전도에서만은 누구에게 뒤지고 싶지 않았다.

고만호 교육전도사를 통해서 전도의 전제조건에 관하여 해답을 얻게 되었다.

"오직 성령이 너희에게 임하시면 너희가 권능을 받고 예루살렘과 온 유대와 사마리아와 땅 끝까지 이르러 내 증인이 되리라 하시니라" (행 1:8)

그러면서 "성령이 임하면 증인이 되라고 하였잖아요"라고 설명해 주었다.

"여기에 이렇게 좋은 말씀이 있었네."

사도행전 1장 8절의 말씀이 무엇인지 깨닫지도 못하고, 그저 열심 하나로 뛰어다녔던 것이다.

(훗날 생각해 보니 우리 부부의 전도 열정이 교회개척의 동기가 되었음을 부인할 수 없다. 그래서 두 명으로 시작한 개척교회는 6개월 만에 15명의 성도로 불어났던 것이다.)

'옳지. 성령 받으면 증인 노릇을 더 잘 할 수 있으리라.'

우선 방언을 받고 싶었다. 아내와 나는 경기도 오산리 금식 기도원으로 갔다. 아내는 4일간 금식하였고, 나는 일주일을 금식했는데도 방언을 받지 못했다. 아내는 5개월째, 첫아이를 임신하고 있었으므로 더 이상 금식을 강요하는 것은 무리였다. 기도하다가 서로 얼굴을 보았다. 겸연쩍어 하는 얼굴로 보아 두 사람 다 아직 방언을 받지 못한 것이었다.

'사모하면 받을 수 있다는데…, 남자는 이지적인 반면에 여성들은 감성적이어서 여성들이 더 잘 받을 수 있다는데…….'

한 마음으로 사모했지만 둘 다 받지 못하고 결국 집으로 돌아왔다. 그런데 웬일인가? 어느 날 새벽기도회에서 제일 오래도록 남아 간절하게 기도하는데 이상하게 혀가 조금 도는 것 같았다.

'아, 이게 방언이 아닐까?'

나는 혹시라도 절로 움직이는 혀가 멈출지도 모른다는 두려움으로 7시까지 기도하다가 집으로 왔다. 방언을 받았다는 환희는 나의 삶에 큰 변화를 초래하였고, 방언기도에 맛을 들이니 기도만큼 좋은 것이 없는 것 같았다.

고시준비 포기하고 취직을

이 무렵부터 나는 세상 출세에 대한 매력을 잃어 가기 시작했다. 새 가족이 하나 더 늘었는데 고시 준비한다고 가족 부양책임이 면제될 수는 없었다.

조선대학교에서 사무직원을 모집한다는 공고를 보았다. 하나님께서 나의 형편을 아시고 합격의 축복을 주셨다. 30명을 뽑는데 150여 명이 응시했으니 하나님께서 개입하지 않으셨다면 이런 찬스는 올 수 없었을 것이다.

1978년 8월 16일, 근무 통지서를 받아 들었을 때, 나보다 아내가 더 기뻐했다. 아내의 눈에서 눈물이 글썽거렸다. 수입 한 푼 없이 수험생 남편 뒷바라지하랴, 가족들의 생계 보살피랴, 이곳저곳에서 꾸어 쓰느라 얼마나 자존심이 상했을까. 아무도 모르게 혼자서 한숨지었던 나날들을 꼽을 수도 없으리라.

아내의 기뻐하는 모습을 보고 내가 지금까지 얼마나 가정에 불성실했는가 새삼스럽게 느낄 수 있었다. 대학의 근무처에 출근하기 전에 무등산 제일기도원에 들어가서 3일간 금식기도를 했다.

"하나님, 지금 당장 신학교에 들어가지 못합니다. 제가 돈을 벌어

등록금을 준비하여 신학교에 들어가겠습니다."

기도원에서 뜻밖에 고만호 전도사를 만났다. 신안교회 교육 전도사 시절에 나를 영적으로 잘 돌보아 주었던 분이었다.

"전도사님! 여기는 웬일이세요?"

"2학기 등록금 때문에 기도하러 왔습니다."

그 때 하나님께서 나의 마음을 감동시키셨다.

'나는 이제 직업이 생겨 수입이 있게 되었으니 그의 등록금 절반이라도 감당해야겠구나.'

그렇다. 내가 그에게 필요한 사람이 되자. 그러면 내가 하나님 앞에서 필요한 사람이 되리라.

직장생활은 곧 나의 생활에 안정과 활력을 주었다. 교회 가까운 곳으로 전세를 얻어 이사했고, 교회생활에서는 즐거움만 연속이었다.

9
나는 사업가로
성공하겠다

1979년에는 서리집사 직분도 받았고, 청년회장으로 선출되어 신앙적으로 경사가 잇달아 일어났다. 이 해는 출발부터 신선했다. 주위의 찬사와 기대가 한 몸에 모아지는 것 같았다.

교회 일에서도 직장의 일에서도 성실했다. 당시에는 지금처럼 복사기가 없는 시대여서 등사기로 프린트를 하는데, 가리반이라는 철판에 청색 원지를 철필로 글씨나 그림을 긁어 그것을 등사기에 붙여 인쇄했다. 교회에 인쇄할 일이 많아 밤에 집에서 준비하기 위하여 근무처에서 사용하는 가리반을 가방에 넣어 가곤 했다.

그것을 본 근무처의 과장이 "박 선생! 가리반을 집에까지 가져가 일하려고?"라고 물으면서 대견스러운 미소를 지었다. 나는 한사코 아니라고 했지만, 오히려 그는 나를 성실하고 겸손한 사람으로 인정하는 것 같았다. 그 과장은 나에게 호의를 베풀어 하루에 서너 시간만 일해도 되는 도서관 분류직으로 옮겨 주었다.

날마다 전도만 하고 살면 얼마나 좋을까?

당시 신안교회는 전도에 총력을 기울였다. 당회장 목사님의 지도하에 청년회 주관으로 '전교인 동원 전도'라는 전도 프로그램을 실시했다.

장년부와 청년부 2~3명이 한 조가 되어 지역별로 흩어져 교육받은 '4영리' 전도책자를 가지고 개인 전도를 하는 것이었다. 나는 전도를 위해 태어난 사람처럼 신바람이 나서 전도 대상자를 만나기만 하면 낙하하는 물길에 잘 돌아가는 물레방아처럼 적절한 말이 쉼없이 튀어나왔다. 내가 받은 결신 카드는 다른 사람들의 것보다 압도적으로 많았다.

'날마다 전도만 하고 살면 얼마나 좋을까?'

전도는 나에게 행복이었다. 전도의 기쁨, 그리고 열매를 보는 기쁨은 이루 말로 표현할 수 없다. 아는 사람만 안다.

나의 동생 '영문'은 나보다 일 년 일찍 결혼하여 부모로부터 받은 상속 재산 다섯 마지기 논을 처분하여 가게를 운영하다가 방탕생활에 탐닉하여 다 들어먹고 말았다. 형인 나를 의지할 수밖에 없는 처지가 되었다. 나에게는 번듯한 직장도 있었고, 또 장남이어서 많은 전답의 상속이 있었기 때문이었다.

나는 동생을 위해서 무엇인가 부업거리를 찾다가 신문광고에 '번개탄 대리점'을 모집하는 것을 보았다. '불살게'라는 이름의 번개탄이 가정주부들에게 인기가 많았다.

학교 근무 중 부업으로 시작한 대리점

1979년 봄, 마침내 번개탄 대리점을 개업했다. 석탄이므로 변하지 않아서 좋았다. 또 값이 싼데다가 다량으로 팔려 나가기에 더욱 좋았다.

나는 무엇이든지 한번 시작하면 끝장을 보는 성미다. 최선을 다하는 것, 이것이 나의 인생 신조였다. 사업은 잘 되어 광주시내에 네 군데에 대리점을 확장해 나갔다. 새벽 네 시 삼십분에 새벽기도를 드리고 나서 여섯시에 사업장에 나와 자전거에 번개탄을 싣고 내가 직접 가게로 팔러 나가기도 했다.

손수 자전거에 싣고 나가서 밤10시까지 팔러 다닌다. 시커먼 숯장사꾼이 된 것이다. 밀대 모자를 쿡 눌러쓰고서….

다른 사람들 판매보다 짧은 시간에 내가 더 많이 판다. 낮에는 학교 근무하고 새벽부터 밤중까지……. 나는 무슨 일을 하면 집념을 가지고 뛰는 열정의 사람인 것 같다. 남자 전도사님들, 의무 이상으로 얼마나 뛰는가 보면 장래 목회 성공 여부를 점칠 수 있다. 대리점 사장의 위치로는 괜찮은 사업이라 주위에서 부러워했지만 학교에서 선생님이란 말을 듣는 내가 시커먼 숯 장사꾼이 되어 자전거에 큰짐을 싣고 가게마다 찾아다니며 판매하는 것을 아는 사람은 별로 없다.

"번개탄 놓으세요. 금성 불살개가 좋습니다."

"얼마요?"

"한 단 열장 묶음에 30원입니다."

"일급 표는 29원에 놓았는데요?"

덤핑 경쟁이다.

"우리 제품은 그것과 다릅니다."

설득하며 판매한다.

"지난번에 깨진 것 바꿔 주세요."

"예! 그러지요."

깨진 불살게 탄을 모아 오고…. 이렇게 부끄러움 없이 당시 상황을 묘사하는 것은 다른 이유가 있다.

얼마 전 아파트 심방을 하는데 어떤 분이 허겁지겁 도망을 간다. 2층 계단으로 뛰어 올라가 버린 것이다.

같이 동행한 집사님들이, "목사님 보고 도망가는 거예요. 우리 성도님인데…." 허름한 차림에 아파트 통로 청소 부원으로 일하고 있는데 내가 그 아파트 심방을 가니까 마주치게 된 것이다. 부끄러워서 도망을 간 것이란다.

'무엇이 부끄럽다는 말인가!'

현실에 충실하며 열심히 사는 것을 하나님은 귀히 보시지 않겠는가? 도망가지 않았으면 내가 손을 꼭 잡아 주었을 텐데…….

얼마 전에 병원 식당에서 일하시는 집사님, 점심시간에 밥을 나르면서 같은 엘리베이터 안에서 만나게 되었다. 앞치마 두르고 머리에 흰 모자 쓰고 겸연쩍어 한다. 나는 천사처럼 보인다. 번개탄 팔러 다닐 때 나도 밀대모자 푹 눌러 쓰고 다닐 때도 있었지만…. 지금 생각해 보니 부끄럽지 않다. 성실하게 열심히 살려고 했던 내 인생이기에….

하나님은 나에게 물질 축복을 주시어서 그 해 가을, 추수감사절에는 공무원 일 년치 봉급에 해당하는 추수예물을 드릴 수 있었다.

그러나 어느 순간부터 마음속 깊은 곳으로부터 나의 꿈들이 다시 깨어나기 시작했다. 처음에 직장을 얻었을 때에는 그저 사무실 내 책상에 앉아만 있어도 좋고, 출근하고 퇴근하는 나날들이 행복이었는데 시간이 흐르고 생활이 안정되어 가니, 내 꿈을 묻어 버리고 사는 것 같은 공허감을 느끼게 된 것이다.

갈수록 내 인생의 진로에 대해 마음의 갈등이 심해졌고, 접혀진 꿈의 날개는 비상할 틈을 노리고 있었다. 대학 사무직은 가계살림에 안정을 주는 좋은 직장인 것은 틀림없으나 그것이 오히려 나의 꿈을 꺾는다는 생각이 미쳤을 때, 일상생활이 따분해지고 그 매력을 잃어 갔다.

하루 여덟 시간의 직장근무로 받는 보수를 생각하면서, 그 시간에 전도하러 나간다면 얼마나 많은 생명을 건질 수 있을까 하는 계산도 해보았다.

'대학원에 진학하여 교수의 길을 걸을까?'

'사업을 크게 하여 주님과 교회에 물질 봉사를 할까?'

소년시절부터 나는 국회의원이나 장관 같은 정치가의 포부가 있지 않았는가.

'사업의 화통을 달고 성공열차를 힘차게 달려 볼까.'

사업으로 크게 성공하고 싶은 마음이 불타올랐다.

그 무렵 나는 신학생들 돕는 일을 또 하나의 즐거움으로 삼았다. 조선대학교에 출근하기 위해 3일 금식하면서 "2년 동안 돈을 벌어 신학교 가겠습니다" 서원하였는데 담임목사님과 비교해 보니 내가 목사 되는 것에 자신이 없었다. 그래서 '신학생들의 등록금을 마련해 드리면 하나님이 나를 봐주시겠지' 생각했다. 나에게 신학생은 주의 종이었다. 호남신학대학교 신학생들을 섬기기 위해 큰집을 전세로 얻었다. 제일 크고 좋은 방을 주의 종에게 드렸다. 그 옆에 상하 방으로 된 것도 주의 종 부부에게 드렸다. 가운데 방은 방음장치를 하고 기도실로 사용했다. 남은 것은 식당 방이었는데 싱크대에 쌀자루까지 둔 방이었지만, 이것을 두 딸과 우리 부부, 그리고 할머니와 함께 사용하였다.

자녀들은 어쩔 수 없다지만, 이 조그만 방에 할머니까지 끼어 잠을 잔다는 것은 여간 불편한 게 아니었다. 기도 동역자였던 신안교회 이옥님 집사는 이런 상황을 알고 걱정을 했지만 나는 주의 종을 집에 모시고 사는 것이 그런 불편을 넘어 그저 좋았을 뿐이다.

주의 종이라고 하지만, 그들은 고등학교를 졸업하고 대학에 입학한 20살이 갓 넘은 나이들이었다. 그에 비하면 나는 대학과 군대를 이미 마쳤고, 두 자녀를 가진 가장이니 그들보다 8~9살 위였지만 나는 그들을 주의 종으로 받들고 사랑하기를 즐거워했다.

거의 매일 주의 종들에게 고기를 대접해 드렸다. 내가 퇴근할 때 닭고기를 사오면, 아내는 그것을 튀김으로 요리하여 대접했다. 식당 방에서 함께 식사하고, 설거지는 아내의 차지가 되었다. 그러나 아내는 불평이란 것을 몰랐다. 사실 아내가 이 일에 찬성하지 않았다면 불가능했을 것이다.

말로는 표현을 다 못해도 주의 종을 받들 줄 아는 선한 마음을 가진 아내에게 나는 늘 감사한다.

빚더미에 올라앉아서

번개탄의 인기는 하늘로 치솟았으나 사업에는 항상 경쟁자가 있기 마련이어서 그 해 겨울까지 전라남도에만 유사한 상품을 생산하는 공장이 아홉 개나 생겨났다. 공장끼리도, 대리점끼리도 과열경쟁이었다.

나는 살아남기 전략을 세우지 않으면 안 되었다. 나는 아홉 개 공장 사장들과 각 대리점 사장들을 만나 설득하여 모든 공장제품들을 독점하여 각 대리점으로 공급하는 계약을 맺었다. 내 아이디어는 적중하여 열 개 묶음 번개탄 한 단에 20원의 판매이익을 보았고, 한 달 수입이 500~600만 원으로 올랐다. 당시 교사 봉급이 12만 원이었으니 사람들은 나를 돈방석에 앉았다고 부러워했다. 사업이 잘 되니 대학의 직장에 매달릴 필요가 없게 되어 사표를 냈다.

나이 스물여덟에 나는 제법 탄탄한 사업의 길을 걷고 있었다. 그러나 올라가는 길이 있으면 내려가는 길이 있었다. 내 사업이 잘 되려면 공장에서 좋은 물건을 필요한 대로 생산해 주어야 한다. 그런데 물건을 생산하여 공급하는 공장이 간혹 부도위기를 당했다.

나는 아직 나이도 어리고 사회경험이 부족해서 어떤 방식으로 대처해야 할지 몰랐다. 상품을 생산하여 나에게 공급해 주어야만 내 사업을 할 수 있으니 공장 문을 닫으면 안 된다는 조바심에서 상당한 액수의 돈을 선불해 주었다.

내가 조금이라도 장사꾼 기질이 있거나 이런 위기에 대한 경험이 있었다면, 여느 장사꾼처럼, 먼저 물건을 생산시키고 현찰 가격으로 값을 깎아 내리는 방식을 택했어야 했다.

그러나 내가 선불했던 돈에 대하여 상품도 돈도 돌아오지 않았다. 마지막 나의 사업이 꺾어진 것은 2천만 원의 빚을 보증한 것 때문이었다. 나는 보증인으로서 3부에서 3부 5리까지의 높은 이자를 물지 않으면 안 되었다.

결국 번개탄 총판 사업은 문을 닫게 되었고, 집의 가재도구는 모두가 다 차압을 당했고, 살고 있던 집에서 쫓겨나는 것은 시간 문제였다.

그러나 나는 일어서고 싶었다. 사람들 앞에서 오뚝이처럼 다시 일어서는 모습을 보여 주고 싶었다. 다른 한 사업을 시작했다. 1980년 가을쯤에 '전기절약기 전라남도 총판'을 시작했다. 그러나 6개월이 채 못되어 본사의 부도로 나의 사업도 힘없이 무너지고 말았다. 사업의 문을 닫는 것으로 나의 신변이 자유로울 줄 알았으나 불행의 불씨는 여전히 사그라지지 않고 있었다.

10
내가 너를
지명하여 불렀다

시련은 이제부터였다. 이것은 내게 닥쳐 올 혹독한 시련의 전주곡이었던 것이다. 그러나 세월이 흐른 지금 하나님께 더욱 감사하는 것은, 지금 향유하고 있는 평강과 축복은 시련을 통과함으로써 오는 하나님의 선물이었다. 마치 폭풍우와 같은 시련과 목이 타는 가뭄의 고통이 있어야만 호도의 알맹이가 여물어 알차듯이.

"하나님, 나 사찰 집사 시켜 주세요"

거울에 비친 나의 모습, 움푹 패인 퀭한 두 눈에 절망감의 그림자가 드리워져 있었다. 마음도 만신창이가 되었다. 이런 자세로 신학교에 입학하고 주의 종이 되고 싶지는 않았다.

선뜻 생각난 것이 교회 사찰이다.

'그래. 사찰집사가 되어 밑바닥에서 하나님을 섬기며 살자.'

본 교회 목사님을 찾아가서 교회 청소하고 남은 시간에 전도하며 살고 싶다고 말씀드렸다. 어떤 영문인지 나의 소원은 받아들여지지 않았다. 하나님은 나를 다른 길로 인도하시려는 것 같았다.

나와 가족은 겨울 한파의 시련에 직면했다. 4월이라지만 봄기운을 전혀 느낄 수 없었다. 함께 모여 살집도, 방도 없었다. 아내와 자녀들을 처형 집에 맡겨 놓고 나는 떠돌이 신세가 되었다.

광주 농성동의 '새광주교회'로 옮겨오고 나는 3층 홀에서 매일 밤 철야기도를 했다.

"하나님! 사찰집사 시켜 주세요."

당시 나는 사찰집사 되는 것 외에 다른 소원이 없었으므로 기도할 때마다 하나님께 사정했다.

빛 가운데서 들려 온 음성, "너는 나의 종이다"

새벽 2시경 세상에 대한 꿈도, 포부도 모두 꺾어 버리고, 사찰집사 시켜 달라고 졸라대는 불쌍한 나에게 주님이 찾아오셨다. 비몽사몽간에 휘황찬란한 빛 가운데 주님의 음성이 들려왔다.

"너는 내 종이다."

그리고 빛 가운데서 나의 뒤를 따르는 수많은 사람들을 보았다. 나는 사찰집사 되려는 생각을 지우고, 신학을 하여 하나님의 종이 되기로 결심했다. "너는 나의 종이다."라는 주님의 분명한 음성과 환상을 보았기 때문이었다.

호렙산 가시덤불 불꽃 가운데서 여호와의 음성을 들었던 모세, "마케도냐로 건너와서 우리를 도우라."는 환상을 보았던 사도 바울을 생각하면서, 깊은 감동으로 설레는 가슴을 주체할 수 없었다.

하나님의 뜻을 확실히 깨닫고 난 후에 나는 하나님의 구체적인 인도를 받고 싶었다. 오산리 금식기도원에 가기 위하여 먼저 서울 여의도순복음교회로 갔다. 금요 철야기도회를 참석하고 나서 다음 날 교회 버스 편을 이용하기 위해서였다.

저녁식사 대신에 백 원어치 떡볶이로 시장기를 때우고 성전으로 올라갔다. 자정쯤에 준비 찬양과 율동이 있었다. 갑자기 교회당에 앉아 있는 나의 몰골이 너무 처량하게 느껴지기 시작했다. 그리고 전신에 피로가 몰려오는 것을 느꼈다.

이상하게 마음이 굳어지면서, 찬양하며 율동하는 사람들까지 꼴 보기 싫어지고 마음에 거부가 일어났다. 그 순간 나의 입에서 원망이 터져 나왔다.

"하나님, 내가 십일조를 떼먹었습니까? 감사를 제대로 안 했습니까? 제가 우리 교회에서 십일조를 제일 많이 낸 적도 있잖아요. 주의 종을 섬기는 것도 아시잖아요? 그런데 지금 제 꼴이 무엇입니까?"

내가 잘못하고 실수한 것은 접어놓고 하나님을 원망하였다. 그리고 이어 통곡이 나왔다. 그 자리를 뛰쳐나가고 싶었다. 술 한잔 홀짝 마셔 버리고, 담배 한번 쭉 빨아 버리고 싶었다. 지금 생각해 보니 다음날 기도원에 가지 못하게 마귀가 덫을 놓은 것임에 틀림 없었다.

나는 순간 '이것은 분명히 시험이구나'하고 생각하면서 '큰 일 났다. 이 시험을 반드시 이겨야 하는데….'라고 나 자신에 대하여 안 타까워했다.

나는 하나님께 부르짖었다.

"하나님! 저를 도와주세요. 난 이 시험을 이길 수 없어요. 하나 님! 하나님!"

기도는 나오지 않고 계속 하나님만 찾았다. 그 때 하나님의 은 혜가 나를 부드럽게 감싸 안아 주는 것을 느끼면서 스르르 잠이 들 었다. 꿈속에서 하나님은 나에 대한 두 가지 장면을 보여 주셨다.

첫째 장면은, 번개탄 총판을 결성할 때 공장, 대리점 사장들을 초 청한 회식자리였다. 테이블에 클로즈업되어 보이는 것은 맥주병들 이었다.

당시 나는 서리집사로서 그들에게 술대접은 했지만 나는 마시지 않았다. 그들은 나를 박 사장이라고 치켜세웠다. 돈방석에 앉은 박 사장, 한턱내라는 것이었고 한쪽 마음으로는 꺼림칙했어도 어떻게 든 독점 총판을 따내고 한번 큰 돈 벌어 보겠다고 회식자리를 마련 한 것이었다. 기도해 볼 겨를이 없이 오직 인간적인 수단과 방법을 동원했던 결과는 터진 웅덩이었던 것이다.

둘째 장면은, 내가 섬겼던 전도사들의 비행기는 높이 떠서 날아가는데 나하고 아내가 탄 비행기는 너무 낮게 떠서 건물이나 나무 위를 아슬아슬하게 날아다니는 것이었다.

아직 우리 부부는 성령이 충만하지 않다는 것을 보여주신 것으로 믿었다. 꿈을 통해서라도 나를 깨우쳐 주신 하나님, 절망의 순간에 찾아오셔서 주님을 의지케 하시는 하나님, 그 놀라우시고 친절하신 하나님을 찬양하며 감사를 드렸다.

> "너의 길을 여호와께 맡기라. 저를 의지하면 저가 이루시고 네 의를 빛
>
> 같이 나타내시며, 네 공의를 정오의 빛같이 하시리로다" (시편 37: 5~6).

다시 들려 온 음성, "십일간 금식해라"

금식을 시작한 지 사흘째 아침에, 기도굴에 앉아 기도하고 있을 때, 주님의 음성을 들었다. 귀로 들렸을 뿐만 아니라 온 몸으로 들리는 웅장한 음성이었다.

"십일간 금식해라."

금식을 시작할 때, 4일간만 금식하고 서울에 나와서 본사 사장을 만나 돈을 받아 낼 계획이었다.

'계획에도 없는 금식의 연장이라, 내가 잘못 들은 것이 아닐까?'

의심이 생겼지만 그러나 내 몸 하나 겨우 운신할 만한 조그만 기도 굴에 다른 사람이 있을 리 없었고, 그 음성이 너무나 선명하였기 때문에 '하나님의 음성이구나' 믿고 순종했다.

열흘간의 금식을 마치고 광주로 내려왔다. 여전히 새광주교회 뒤편 의자가 나의 집이었다. 그 교회 김순길 전도사가 나를 집으로 데려다가 죽을 쑤어 주었다. 금식을 마치면 보호식 기간이 필요하다는 것이다. 집도 없이 의지할 데 없는 떠돌이를 사랑으로 보살펴 준 김순길 여전도사의 은혜를 나는 늘 기억하고 있다.

가족들과 함께 시골 교회 더부살이

그 해 여름, 처형 집에 얹혀살던 가족들이 더 이상 있을 수 없어 가족들을 데리고 예고도 없이 영광 법성에 있는 월산교회로 찾아갔다(당시 월산교회 담임 고만호 전도사는 현재 여수 은파교회 당회장이시다).

'고만호 전도사는 우리를 거절하지 않고 따뜻하게 맞이해 줄거야'.

우리는 한 가닥 소망의 줄을 붙잡고 찾아갔다. 사택은 토담집으로 방 두 칸이었는데, 두 칸이라고 하지만 사이는 미닫이로 방이 구별되는 것이었으니 큰 방 하나나 마찬가지였다. 염치도 없이 딸 셋 그리고 아내와 나, 대가족은 윗방을 차지하였다.

고 전도사와 나는 교회에서 함께 지냈다. 저녁에는 산에 올라가서 밤새도록 기도하고 새벽녘에 내려와서 새벽기도회에서 계속 기도하는 것이 매일의 일과였다.

어느 날 새벽기도를 마치고 잠시 졸고 있는데 "영우야!"하고 나를 부르시는 주님의 음성을 들었다. 하나님께서 나를 계속 바라보고 계신다는 생각에 힘이 솟았다.

월산교회는 주일예배에 20여 명이 모이는데 "성미 안낸 사람 내시오"라고 광고를 했다. 우리 식구가 오기 전에도 작은 성미를 값싼 정부미로 바꾸어 양을 늘려 먹었던 형편이었는데, 그 조그만 식량에 우리 다섯 식구까지 나누어 먹게 되었으니 오죽 부족했을까. 금식 끝이라 밥맛이 좋은 내가 오히려 원망스러웠다.

고 전도사보다 사모님 보기에 미안했다. 무슨 일이라도 돕고 싶어서 부엌 물 항아리에 물을 채우는 일을 했다. 그 때 사모님께서 닭을 사서 삶아 주시던 사랑을 잊을 수 없다.

"박 집사, 왜 그렇게 믿음이 없어요?"

한 달쯤 지났을 때, 고 전도사는 변화산기도원에서 집회가 있다며 함께 은혜 받으러 가자고 했다. 변화산기도원은 광주에서 60여 리 떨어진 담양에 있는데 우리 다섯 식구 모두가 함께 갔다. 거기에서 전에 광주에서 신학생을 주의 종으로 섬겼던 전도사들을 만났다. 그들에 비해 나는 초라한 신세였다. 그들에게는 섬기는 교회가 있고, 나는 당장 식구들의 잠잘 곳, 먹을 것을 걱정해야 할 처지였다.

기도원에서는 교역자들에게 무료로 식사를 주었다. 내년에 내가 신학교에 들어가게 되면 그 때 가서 무료 혜택을 받을 수 있겠지만, 아직은 집사이니 식권을 사야 하는데 돈이 없었다.

"박 집사, 내년엔 신학교에 들어갈 테니 함께 가요."

나는 전도사님들 뒤를 엉거주춤 따라가서 고개 푹 숙이고 밥을 얻어먹었다. 집회 때마다 강사 목사님이 안수기도를 해주었지만, 우리 부부에게까지는 기회가 오지 않았다. 그런데 하나님께서 아내에게 한 환상을 보여 주셨는데, 내가 강단에서 말씀을 전하고 있는 모습을 보았다고 하였다.

기도원에서 일할 일꾼을 구한다는 광고가 나왔다. 청소하고 심부름하고 관리하는 사찰집사와 같은 일일 것이다.

"오! 하나님, 저 자리가 내 자리 되게 하소서!"

아는 전도사님에게 나를 추천해 달라고 부탁했더니,

"박 집사, 왜 그렇게 믿음이 없습니까?"

난 아무 대답을 못했다. 이 기도원 집회가 끝나면 모두 자기가 섬기는 교회가 있고, 자기 집이 있어 갈 곳이 있다. 그러나 난 어린 아이들까지 다섯 식구가 돈 한푼 없는 입장에서 갈 곳이 없다. 기도원에서 청소하며 심부름하는 자리가 나왔으니 그 곳이 나의 취직자리이기를 바라는 마음밖에 없는데….

나에게 조금 상처가 되었다. 평소에 믿음 좋다는 박 집사가 초라하게 믿음 없는 박 집사가 되고 말았다.

난 요즈음도 불치병으로 고생하는 분들에게 안수기도해도 낫지 못했을 때 본인이 믿음이 없어서 낫지 못한다고 하고 싶지 않다.

기도원 집회가 끝나던 날, 심재수 전도사의 사모가 두서너 되 남짓 되는 쌀자루를 기도원에 바치러 가고 있었다. 기도원에서 무료로 식사를 했으니 그 대가를 바치는 것이었다.

'아! 저것 나 주었으면….'

나는 그 쌀자루를 쳐다보면서 욕심이 났다.

누가 나의 속마음을 읽었는지 "그 쌀 박 집사 주지"하면서 뒤쫓아가고 있었다. 그러나 그 쌀은 이미 기도원 성미로 바쳐진 후였다.

그 때 나에게 십만 원을 선뜻 내준 전도사님이 계셨다. 전에 우리 집에서 내가 주의 종으로 섬겼던 분이었다. 심은 것이 있어서 거두는 것일까? 우리 하나님께서 나의 필요를 아시고 그의 마음을 움직이신 것이 분명하였다.

기도원 집회를 마치고 우리 가족은 광주로 왔다. 염치 불구하고 식구들은 다시 산수동 처형 집에 맡겨 두고, 나는 근처 산수교회에서 철야기도를 계속했다. 사실은 잠잘 곳이 없으니 남의 교회에 가서 기도로 밤을 새우는 것이었다.

하나님께서 주의 종의 손길을 통해서 십만 원을 공급하신 것은 가족들이 함께 지낼 방을 얻으라는 것으로 생각되어졌다. 나는 하나님께 기도했다.

"하나님, 제가 어디로 가서 방을 얻을까요?"

상무동 쪽으로 마음이 갔다. 거기는 변두리니까 값싼 방이 있을 것이고, 또 아는 사람이 없는 곳이 더 좋을 것 같았다.

"하나님! 나의 길을 인도하소서."

나는 방언으로 기도하면서 상무동 방향으로 길을 걸어 신축중인 남광병원 앞에 이르렀다. 거기서 방 두 칸에 월 35,000원 하는 곳이 있는데, 만일 한 칸만 얻는다면 월 2만 원이며 부엌은 주인과 함께 사용하는 것이었다.

한 칸짜리 조그만 방을 보니까 다섯 식구가 누우면 가득 찰 것 같았다. 다음 날 한 칸짜리를 얻으러 갔더니 주인은 두 방을 함께 얻지 않으면 줄 수 없다고 했다.

가족의 천국, 이만 원 사글세 단칸방

"아, 하나님! 우리 집은 어디에 있습니까?"

석양 무렵까지 병원 소나무 아래서 계속 기도하다가 종축장 쪽을 바라보니 연기 오르는 시골 마을이 보였다.

'저 곳이라면, 교통이 불편한 동네이니 필시 값이 싼 방이 있겠지.'

기대를 걸고 종축장 쪽을 향해 걸어가고 있는데, 뒤에서 "박집사님!"하고 누가 부르는 것이었다. 뒤돌아보니 신안교회 전다남 집 사였다.

"방 한 칸 얻으려고요."

나는 겸연쩍게 말했다. 그 말을 들은 전 집사는 좋아하면서 방 하나를 소개해 주었다. 자기 구역 식구가 늘어나서 기뻐한 것 같았다. 이렇게 하여 월 2만 원짜리 사글세방을 구하게 되었다.

가족이 함께 밥상에 앉아 보는 것이 실로 몇 개월 만인가! 혼합곡에 두어 가지 반찬이었지만 상 앞에 도란도란 앉아 다섯 식구가 감사기도를 드릴 때 감격이 넘쳐 기도의 말을 잇지 못했다. 우리 가족이 이룬 지상 천국이었다.

여섯 달 동안 우리는 떠돌이였다. 아내는 어린 것 셋을 데리고 시골집으로 처형 집으로 눈칫밥 먹으며 전전했고, 나는 나대로 은신처가 없어 기도원으로 남의 교회 뒤 의자를 찾아 돌아다녔던 시절이었다.

어찌 보면 아내는 나보다 더 강했다. 내 아내에게도 자존심 있고 연약함과 부끄러움이 있는데 그것들을 마음 깊숙이 감추어 두고 살았을 것이다.

"여성은 티백(茶包) 같아서 뜨거운 물에 집어넣기 전에는 얼마나 강한 지 알 수 없다"는 서양 격언을 생각해 보았다. 아내는 무수하게 뜨거운 물에 집어넣어지는 동안 그 연약함과 부끄러움이 강함으로 바뀌어졌으리라.

그에게 있어 뜨거운 물은 그를 인고하게 만드는 과정이었을까? 아마도 하나님이 그에게 주신 은혜였을 것이다. 오직 그분 앞에서만 터트리는 눈물을 보신 하나님께서 더 뜨거운 기도의 문을 열어 주셨을 것이다.

나에게 이런 시련기가 있었으므로 비로소 연단하시는 하나님의 사랑을 깨달았다. 잠 잘 곳을 걱정해야 할 밤에는 나를 산속 기도의 자리로 내몰았고, 끼니를 걱정해야 할 낮에는 나를 말씀의 양식으로 이끄셨다.

백일 작정 철야기도

1981년 10월 중순, 새해에는 신학을 시작하고 주의 종의 길을 가야 할 테니 100일을 작정하고 철야기도를 시작했다.

50일째 되던 날, 하나님께서 내 얼굴에 묻은 오물을 천사가 닦아 주는 모습을 보여 주셨다.

철야기도를 하러 산으로 올라가는 길을 따라 나 있는 고랑에 악령들이 우글거리고 있는 모습도 보여 주셨다. 지금 나는 M1소총인데, 앞으로 M16 자동연발총으로 바꿔 주시겠다는 말씀도 받았다. 능력을 퍼부어 주겠다는 뜻으로 받아들였다.

벼가 익어 고개 숙인 넓은 들판도 보여 주셨다. 넓은 들판은 나의 목양지로 여겨졌다. 강가에 있는 큰 수소와 암소를 보여주셨는데 그 사랑스러운 암소는 곧 나의 아내라고 하셨다.

이외에도 하나님께서는 신령한 이상들을 많이 보여 주셨으나 무슨 뜻인지 알 수 없는 것들도 있었다. 홍포를 입은 큰 분이 알고 있는 주의 종들 중에서 똑바로 나를 주시하고 있는 모습은 무슨 뜻이었을까?

새벽녘에 산에서 내려 올 때 내 마음의 환희는 말로 표현할 수 없었다. 현실은 삭풍이 불어오는 겨울 들판 같고, 아무 것도 피울 수 없는 얼어붙은 겨울 땅과 같았지만, 그 땅 속에 잉태된 생명의 숨결들이 들려오는 것 같았다.

말씀과 성령으로서 생명을 발아시킬 수 있다는 확신으로 나는 전심전력을 다하였다. 말씀의 기초가 없는 꿈이나 환상은 자칫 신비주의로 흘러갈 수 있으며, 또 마귀가 주는 것들도 있다는 것을 나는 잘 알고 있다.

또 꿈이나 환상이 사람을 믿음의 사람이나 사랑의 사람으로 변화시키게 되는 것과는 전연 별개라는 것도 잘 알고 있다. 이 모든 것은 성경말씀으로 해석되어져야 한다.

백일 작정 철야기도를 할 때 50일째에, 천사가 나의 얼굴에 묻은 오물을 닦아주었던 50이라는 숫자의 상징적인 의미를 성경에서 찾아볼 수 있었다.

모세와 이스라엘 자녀들이 애굽에서 탈출하여 시내 산에서 율법을 받은 날이 50일째이며, 가나안 땅에 들어와서 첫 열매를 드린 초

실절도 50일째이고, 예수님이 부활하시고 승천하신 후 임하신 성령강림도 오순절이었다.

철야 시작한 지 50일째에 보여주신 그 이상은 나에게 있어 회복케 하시는 하나님의 은혜였던 것이 분명하였다. 또 성경에서 소는 일꾼을 상징하고 있어서 내가 꿈에서 본 수소와 암소는 주의 일꾼으로 부르심 받은 우리 부부를 말한 것이었다.

"곡식 떠는 소의 입에 망을 씌우지 말지니라." (신 25:4)라는 것이 어찌 소에 대한 것이냐?" 두말 할 것 없이 여기에서 소는 하나님의 종을 말하고 있지 않는가?

1982년 1월, 백일 작정 철야기도가 막바지에 접어들고 있을 때, 나는 그만 독감에 걸리고 말았다. 그 해 겨울은 여느 겨울보다 더 추웠고 눈도 많이 내렸다. 겨울밤의 눈밭이 나의 기도원이었고 기도의 방석이었다.

작정하고 기도하는 사람이 감기약을 먹을 수는 없고, 기간을 작정했으니 중간에 중단할 수도 없었다. 몸은 불덩어리였고, 머리는 깨어질 것 같았지만 여기서 물러설 수는 없었다.

'하나님의 능력으로 고침 받으리라.'

온몸을 향하여 휘몰아쳐 오는 매서운 겨울바람과의 씨름은 연일 계속되었다. 전혀 차도의 기미가 보이지 않던 날, 불같이 타오르는 열덩이의 몸으로 뒷산에 올라갔다.

무덤가 잔디에서 나는 몸부림치며 부르짖고 기도했다. 1시간쯤 지났을까, 불현듯 깨어질 듯했던 머리가 시원해지는 것이 아닌가. 하나님께서 나의 부르짖음을 들으시고 고치셨던 것이다.

그 날 밤 주님께서 나에게 꿈으로 보여주신 것은, 거대한 체구를 가진 더럽고 악한 영이 흰옷을 입은 나를 붙잡고 있을 때, 내가 그를 향해 돌을 던지니 그 악령이 돌에 맞아 어두운 골짜기를 향해 떨어지는 모습이었다.

1월 31일, 백일 작정 철야기도를 마쳤다. 작정 기간은 끝났지만 2월도 나는 하루도 거르지 않고 계속 산 기도를 다녔다.

"하나님! 일평생 철야기도하며 목회 했으면 좋겠습니다."

이것이 나의 소원기도가 되었다.

한 학기로 끝난 야간부 신학생

그 해 3월, 나는 '서울장로회신학교' 야간부 3학년에 편입하였다. 그 신학교는 학부 과정이어서 일반 대학을 졸업한 나에게 편입 특혜가 주어졌다.

신학교에 기숙사 시설이 없었으므로 나는 화양동에서 중국 식당을 하고 있는 처형의 신세를 졌다. 내 몫의 방은 따로 없었고, 식당 손님이 끊어지는 늦은 밤이 되어서야 식당 방이 나의 차지가 되었다. 책상이 있을 리 없고 책은 박스에 넣어 방 한 귀퉁이에 놓고 필요한 책을 한 권씩 꺼내다 보았다.

식당에 손님이 많지 않으니 장사도 잘 되지 않아 나까지 얹혀 살면서 밥 얻어먹기가 참으로 미안했다. 누가 밥을 차려 주는 일이 없이 내가 스스로 찾아 먹어야 하는데, 밥통을 열 때마다 소리 날까봐 살금살금 다가가 살짝 열었다.

어느 때는 밥통이 비어 있기도 했다. 그런 날에는 주방장에게서 배운 대로 짜장면을 만들어 먹었다.

나는 밥값이라도 해야겠다는 생각에서 손님이 들어올 때, "어서 오세요"하며 안내하고 잔심부름도 했다.

매일 학교에 갈 교통비 문제가 큰 걱정이었다. 좀 부끄러웠지만 교통비를 벌 셈으로 청계천에 가서 카세트 공 테이프를 싸게 구입하여 신학생들에게 조금 남기고 팔았다.

어느 날 오후 신학교에 막 들어서려 하는데, 허름한 옷을 입은 남자가 나에게 도와 달라고 하였다. 그 날 교도소에서 출소했지만 집으로 갈 차비가 없다는 것이었다.

그의 표정을 보니 진실성이 있어 보였다. 없는 사람의 심정은 없는 사람이 헤아려 준다는데, 나는 공 테이프를 사야 할 돈을 다 털어 주고, "꼭 예수 믿으세요!"라고 당부하며 마음으로 그 사람의 영혼을 위하여 기도했다.

주일에는 가까운 교회에 나갔는데, 그 교회 목사님께 봉사를 하고 싶다고 말씀드렸다. 신학생으로서 그저 예배에만 참석할 것이 아니라 주일학교든 어느 부서든지 봉사해야 한다고 여겼기 때문이었다. 가족 사항을 물으시는 목사님에게 사실대로 얘기했더니 기회를 주지 않았다. 비록 무급으로 봉사하겠다고 해도 식구가 딸린 신학생을 쓰기가 부담스러웠던 모양이었다.

어떤 부분이든지 교회에서 일을 맡아 하고 싶었다. 당시 100명 모이는 교회가 내 눈에 얼마나 크게 보였던가!

어느 날, 반가운 소식을 들었다. 고향 삼도에서 목회하던 목사님이 인천 부평에 개척하여 교회를 크게 성장시켰다는 소식이었다. 입대 후 첫 번째 휴가 나왔을 때, 나를 반갑게 대해주셨던 일을 떠올리며, 나를 잘 보살펴 줄 것이라고 생각하면서 그 목사님을 찾아갔다.

교회에 도착하자마자 주보를 살펴보니 주일 장년 출석 통계는 150여 명이었고, 교육전도사로 올라 있는 이름이 없었다. 이만한 교회에 교육전도사가 꼭 필요할 것이라고 생각했다.

'하나님, 이 교회 교육전도사 자리는 내 것입니다.'

나는 목사님께 지나온 얘기를 들려주었다. 그 때 곁에서 귀를 기울이고 있던 사모가 무급으로 봉사해 주었으면 좋겠다고 제안하였다.

'지금도 나를 부잣집 큰아들로 여기고 있는 것일까?

그 날 나는 물어물어 그 교회에 찾아가면서 전철 값 버스 값을 지불하며 갔던 것이었다. 가까운 곳이고 교통비가 필요 없는 곳이라면 나는 얼마든지 즐겁게 봉사할 수 있었다. 그러나 몇 번씩이나 버스를 바꿔 타야하고, 서울 도심을 벗어난 추가 전철비를 헤아려야

하는 나로서는 어찌할 수 없었다. 퇴짜를 맞고 돌아서는데 뒤통수가 어찌나 부끄러웠는지….

얼마 후, 삼도 중앙교회 박정선 목사가 나를 전남 무안군 일로에 있는 어느 교회에 전도사로 소개하여 선을 보러 갔다. 교역자가 어느 교회에 부임하기 전에, 부임할 교회의 테스트를 받게 되는 데 청춘남녀가 결혼상대를 고를 때 선을 보는 것처럼 교회에서도 이것을 선을 본다고 말한다.

설교 한 편을 거의 외우다시피 준비하고 마음이 부풀어 그 교회를 찾아갔다. 토요일 오후에 그 교회에 도착했을 때는 해가 서산에 기울고, 석양의 햇살은 유리창을 길게 반사하고 있어서 교회당은 더욱 아담하게 느껴졌다. 교회 안에서 찬송가 반주 소리가 들려 왔다.

장로님을 찾아가서 인사를 드렸더니 순간 당황한 기색이 엿보였다.

"아이고, 당회장의 지시로 벌써 결정이 났는데…. 먼 길 오셨는데 어쩌지요?"

그는 미리 알려주지 못한 것을 극구 사과하면서 차비에 쓰라고 5천 원을 건네주었다.

농촌 교회 전도사 자리 하나 얻는 것도 쉽지 않았다. 나는 부탁할 만한 사람들에게 교육전도사 또는 담임전도사 자리를 찾아봐 달라고 했다.

그 때 마침 이리 황등교회에 부목사로 시무하던 김광준 목사의 연락을 받고, 설교 한 편을 준비하여 급히 갔는데, 테스트도 받지 못하고 거절당하고 말았다. 부부 신학생을 쓰겠다는 것이 거절의 이유였다.

이럭저럭 한 학기를 마치게 되었고 여름방학이 되어 집으로 돌아왔다. 매일 철야기도를 하던 중 이번에는 확실한 자리가 나왔다. 나의 신학교 등록금을 선뜻 내주었던 고광련 집사가 광주 근처의 화순 능복교회를 소개하였는데 그의 집안 형님이 그 교회 시무장로였다. 거기가 확실한 자리라고 내가 강조한 것은, 그 교회 당회장은 호남 신학대학교의 총장 황승룡 목사였고, 더구나 제직회에서 통과되었다는 소식을 들었기 때문이었다.

부임하는 대로 시작할 여름성경학교 준비도 어느 정도 해두었고, 교회 측에서 우리 집 이삿짐을 실러 온다고 했으므로 짐을 싸고 만반의 준비를 끝내고 기다리고 있었다. 함께 기도하러 다니는 전다남 집사는 자기 일보다 더 기뻐하면서 송별선물로 러닝셔츠를 가져왔다.

월 12만 원 사례에 한말 다섯 되의 성미. 이제부터는 식구들의 끼니 걱정은 할 필요가 없게 되었고, 신학공부도 계속할 수 있게 되고 …

마음이 부풀어 오르고 온 세상이 내 것처럼 풍성했다. 그런데 청천벽력 같은 소식이 왔다. 나의 청빙이 취소되었다는 통보였다. 마음이 철렁 내려앉는 그 순간, 나의 시야는 누렇게 흐려졌고 눈앞에

별똥이 번쩍하며 떨어지는 것을 보았다.

'오 하나님, 어찌하여 이런 일이…. 만 천하에 확실하게 결정된 일이었는데.'

이유는 이러했다. 당회장이 호남 신학대학교 총장인데 자기 학교 신학생은 놓아두고 어찌 서울 신학생을 쓸 수 있느냐는 여론이 분분했기 때문이란다.

"엄마, 박 전도사님이 교회 세웠던데요"

에이브러햄 링컨은 "나는 갈 수 없으면 무릎으로 간다."고 했었다. 나는 나의 길을 오직 무릎으로 갈 수밖에 없었다.

전다남 집사는 나의 무릎 기도 동행이 되어 주었다. 힘이 빠져 버린 다리를 한 발자국씩 떼면서 뒷산으로 함께 올라가는데 이상한 얘기를 들려주는 것이었다.

"박 전도사님, 우리 혜령이가요 전도사님의 교회 건물을 보았다고 해서요."

혜령이는 전 집사의 딸이었는데 도대체 밑도 끝도 없는 말을 하더라는 것이었다.

"예? 무슨 말씀이세요?"

"나도 무슨 말인지 모르겠어요. 혜령이가 어제 저녁에 집에 오자마자 대뜸 하는 말이 '엄마, 박 전도사님 교회 세웠던데요' 라고 해서, '얘, 그게 무슨 말이냐?' 고 물었더니 분명히 자기 눈으로 십자가 불이 켜지고, 교회 세워진 걸 보았다고 그래요."

꿈에 본 것도 아니고, 환상도 아니고, 스무 살이나 된 처녀가 자기 눈으로 직접 보았다니 예삿일이 아니었다. 어제까지의 나의 근황에 대해서 모르는 바가 아닐 것이고, 건물이 하루 만에 세워질 일도 만무하고, 딸이 자기 눈으로 직접 목격했다고 우겨대니까 가서 직접 확인해 보자고 하여 모녀는 교회가 있었다는 현장에 가 보았다고 했다.

"으응?! 분명히 여기에 건물이 있었는데. 어디로 사라졌지?!"

혜령이가 오히려 알 수 없다는 듯이 고개를 갸웃거리더라는 이야기였다.

백일 작정 철야기도 할 때 꿈을 통해서 나의 목회에 관련한 이상들을 보았지만 지금 당장 교회 개척을 시작해야 할 것으로 여기지 않았다. 이제 겨우 신학교 야간부 한 학기를 마쳤고, 매달 2만 원씩 내야 할 월세도 걱정이어서 교회를 개척한다는 것은 전혀 거리가 멀었다.

전 집사의 말을 듣는 순간, 나의 심령의 눈이 번쩍 뜨여졌다. 하나님께서는 내 자신이 깨닫지 못할 때, 이처럼 다른 사람을 통해서도 깨닫게 하신다.

"알겠습니다. 하나님! 개척하겠습니다. 나의 길을 인도하소서."

11
교회 간판도 없는
가정집 마루교회

첫 성도, 박순옥과 이정덕

"하나님께서 저에게 교회를 개척하라고 하십니다."

초신자 박순옥 성도는 기뻐하면서 개척하기를 원했다. 하나님께서는 우리 집 바로 곁에 살고 있는 또 다른 한 가정을 나에게 붙여 주셨다.

지금은 은퇴한 이정덕 전도사는 그 당시 교회 다닌 지 얼마 되지 않았고, 시내에서 이 곳 변두리 지역으로 이사 와서 아직 교회를 정하지 못하고 있는 상태였다. 오토바이에 기름이 갑자기 떨어져 나에게 2천 원을 빌리러 온 적이 있었지만, 나는 월세 2만 원짜리 단칸방에서 살고 있을 때, 그 가정은 월세 5만 원짜리 상하방에서 살고 있었다.

그리하여 박순옥·이정덕 성도를 주축으로 개척교회를 시작하였고, 박순옥 성도의 집 현관 마루에서 첫 예배를 드렸다. 그날이 1982년 9월 28일이었다.

첫 번째 예배에서 설교를 마치고 나는 이렇게 선언했다.

"우리 교회는 십 년 안에 광주에서 제일 큰 교회가 됩니다."

거기에 모인 사람들은 한바탕 큰 소리로 웃어댔다. 어디 될법한 얘기를 해야지 그것도 터무니없는 말을 서투른 솜씨로 말하는 것 자체가 그들에게는 코미디였던 모양이다.

신학교 한 학기 겨우 마친 신학 초년생이, 목회경력은 커녕 교육 전도사 경험도 없고, 40만 원만 있어도 논바닥에 십여 평 남짓 텐트를 칠 수도 있었는데, 그 돈이 없어 가정집 마루에서 고작 두 사람의 초신자로 시작하면서 광주에서 제일 큰 교회가 될 것이라고 호언장담하는 애송이 신학생은 정말이지 못 말릴 사람이었다.

하지만 그날 나는 패기에 찼고, 꿈과 희망으로 부풀어 있었다.

'왜 저들은 웃을까? 하나님이 하시면 되는데….'

나는 오히려 웃는 그들이 이상한 사람들로 보였다.

나는 어린애처럼 신바람이 났다. 십 년 안에 광주에서 가장 큰 교회를 이룰 비전이 있었기 때문이었다.

현재 광주에서 제일 큰 교회는 못되었고 몇 번째 순위지만, 동생 박영문의 천국과 지옥의 증언을 통해 구원받은 숫자를 생각하면 이때 믿음의 말의 선포가 달성되었다고 생각된다.

새벽 4시 30분에는 어김없이 한 마장쯤 거리에 살고 있는 이정덕 성도를 깨워 새벽기도회에 함께 다녔다. 십자가도 세우지 않았고 교회 간판은 없었지만 나의 꿈이 시작된 교회였다.

"안되겠어요. 그만합시다."

3주째 될 때부터 사람들의 열정이 사그라지더니, 4주째에는 모두 낙심의 표정을 지었다. 단 한 명도 늘어나지도 않고, 성도도 가난하고, 담임 교역자는 더 가난하니 돈이 없어 예배다운 예배를 드릴만한 장소도 얻지 못하고….

누군가의 입에서 그만 하자는 말이 나왔다. 낙심의 말은 희망의 말보다 더 속히 전염되는가 보다. 금세 분위기는 안 되는 편으로 기울어지고 있었다.

설상가상으로 내가 살고 있는 방 주인이 전세로 바꾸지 않으면 나가 달라고 통보를 해 왔다. 하루도 거르지 않고 나는 산으로 철야 기도를 다녔는데, 새벽에는 대문이 늘 잠겨 있으므로 담을 뛰어넘어 들어올 때 개들이 짖어대니 시끄럽고, 불신자로서 나의 일상들을 이해할 수 없었던 모양이었다.

아내도 더 이상 참을 수 없었는지 마침내 입 밖으로 터트리고 말았다.

"안되겠어요. 그만합시다."

나에게는 안 된다, 못한다, 이런 생각은 전혀 없었다. 그들이 안 되겠다고 말할 때 나는 마음속으로 '하나님이 함께하시면 된다'고 소리치고 있었다.

인간 자체가 희망 덩어리라고 나는 믿고 있다. 희망을 포기하면 벌써 인간이 아니라는 것이 나의 평소의 지론이었다.

사회학자 에릭 프롬은 인간을 정의하여 호모 에스페란스 즉 '희 망하는 인간'이라고 하면서 "희망을 포기한 사람은 이미 지옥문 앞 에 이르렀다."는 말에 나는 지극히 공감하고 있다.

몇 안 되는 성도들의 마음속에 희망이 걷혀지고 대신에 좌절이 자리를 차지하기 시작했다. 백성들의 좌절로부터 분출되어 나오는 불만과 불평에 의기소침 될 때마다 하나님 앞에 선 모세처럼, 나 역 시 하나님 앞에 서지 않으면 안 되었다. 그 곳은 산이었다.

"내가 산을 향하여 눈을 들리라. 나의 도움이 어디서 올꼬.나의 도움 이 천지를 지으신 여호와에게서로다." (시 121:1~2).

캄캄한 밤에, 별빛에 소나무 능선이 어렴풋이 드러나고, 주위는 적막한 어둠이 깔렸는데, 부르짖는 나의 애원들이 산야에 울려 퍼 져 나갔다.

사망 길에 빠진 이 몸 캄캄한 데 헤매며

부르짖는 나의 애원 들으소서. 내 주여,

주여, 나를 돌아보사 고이 품어 주시고,

험한 풍파 지나도록 나를 숨겨 주소서.

"일 년 안에 백 명의 교회가 됩니다."

이윽고 찬송은 나의 영혼을 소생시키고, 다시금 주님의 인자하신 품에 안겨 고요히 말씀에 귀를 기울였다.

"눈물을 흘리며 씨를 뿌리는 자는 기쁨으로 거두리로다."

인생의 밤은 앞을 분간할 수 없을 정도로 어두웠지만, 캄캄한 밤 중일수록 별빛을 더욱 찬란하게 빛나게 하시는 하나님이셨다. 그날 밤은 진정 섭리의 밤이었다. 나는 너무도 감격하여 솟구치는 눈물 바람으로 입술을 열어 간구하였다.

"그렇습니다. 주여, 기쁨으로 추수할 날을 바라봅니다. 주여, 교회 세워 주시옵소서."

잠깐 잠이 들었던 새벽녘, 하나님께서 조그만 건물을 보여 주셨다. 자세히 보니 내가 살고 있는 집 앞에 있는 가건물이었다.

'하나님께서 이 건물 얻으라고 하시는구나!'

10여 평 남짓 되고 방은 두 칸이며 사람이 살고 있는 듯한데 문이 잠겨 있었다. 수소문하여 거기 살고 있는 사람의 형을 찾아서 알아

보니, 자기 아우가 찻집 여 종업원과 동거생활을 하다가 집을 비워 둔 채로 나가서 지난 두 달 동안 소식이 없다는 것이었다.

그런데 그 날 오후, 그 사람이 돌아왔다. 하나님이 그 사람의 마음을 움직이셨던 것임에 틀림없었다. 하나님의 교회는 이처럼 하나님이 직접 개입하시는 것이다. 마침내 30만 원에 열 달 사글세로 얻기로 하고 기도를 시작했다.

"하나님! 30만 원 주세요."

두 가정에서 각 10만 원, 우리 가정이 10만 원, 이렇게 하여 건물을 얻고, 목공소에서 십자가를 깎아 만들어 와서 망치 들고 지붕에 올라가 세웠다.

교회 간판은 내가 손수 붓글씨로 썼고, 아내의 화장대를 뉘어 강대상을 만들었는데 조금 낮아 책 몇 권을 놓고 그 위에 흰 종이를 덮어 깔았다. 방 한쪽에는 전에 살고 있던 사람의 짐을 두었어도 예배 장소는 족히 5평은 되었다.

11월 첫째 주일, 나에게는 세상에서 가장 아름다운 교회에서 첫 예배를 드렸다.

시내버스도 들어가지 않는 서창면 마륵리, 한적한 시골마을. 신작로에서 버스를 내려 비만 오면 질퍽한 수렁으로 질퍽한 길을 따라 일 킬로미터 남짓 걸어 들어오면 돼지 오물 냄새가 진동하는 종축장, 바로 그 곁에 있는 가건물 교회, 거기에 두서너 사람 앉혀 놓고 주일마다 새벽마다 열변을 토했다.

"일 년 안에 백 명의 교회가 됩니다."

아내와 나 둘이서 눈이 오나 비가 오나 날마다 전도하러 나갔다. 그렇게 여섯 달이 지났을 때는 예배당이 가득 차서 자리가 모자랐다. 이듬해 2월까지 주일예배의 출석인원은 15~16명이었고, 3월에 세례교인 15명으로 노회에 정식으로 등록했다.

그런데 우리 식구가 살고 있는 방을 전세로 바꾸지 않으면 안될 상황에 이르렀다. 전세로 50만 원을 내던가, 아니면 방을 빼 달라는 것이었다. 나는 상황을 능히 변화시키시는 하나님께 매달릴 수밖에 없었다.

"하나님, 50만 원 없으면 쫓겨나요. 28일이 마감 날입니다."

29일 아침까지 응답이 없었다. 낮에 산에 기도하러 갔다 왔더니 그 사이에 광주중앙교회 고광련 집사(현, 고이빈후과 원장)가 50만 원을 갖다 놓고 갔다. 하나님께서 이 일에 개입하셨던 것이다. 살고 있는 터전에서 쫓겨나야 할 판국에 하나님께서 역사하셔서 나를 전세방 소유자가 되게 하셨다.

나는 월세 방에 사는 사람들의 괴로운 심정을 잘 안다. 한 달이 어찌 그리 속히 돌아오는지. 끼니를 걱정해야 할 마당에 매달 2만 원의 집세를 줄 때마다 나의 혈관에서 피를 빼 주는 것 같았다.

참으로 하나님의 섭리에 경탄한 것은, 교회 개척을 함께 했던 박순옥, 이정덕 성도 둘 다 지금 우리 교회의 권사, 전도사가 되어 하나님과 교회에 충성스럽게 봉사하고 있고, 내가 사글세를 얻어 살

앉던 집 주인도 우리 교회 성도가 된 것이다.

예배 장소가 비좁아 기도하던 중 교회 근처에 전세 280만 원짜리 쓸 만한 공장건물이 하나 나왔다. 회계를 맡은 오순임 집사에게 빚을 얻어 달라고 부탁해 두었더니 좋은 소식을 가져왔다.

"전도사님! 2부 이자로 매달 6만 원을 줘야 하는데, 어쩌시렵니까?"

"오 집사님, 그 돈 얻어 주세요. 나 사례금 안 받고 신학교도 중단할 테니까요."

하나님의 은혜로 그 건물을 얻었고, 성도들이 나서서 두 달가량 수리를 했다. 30여 평의 예배당에 사택도 꾸몄다.

광주안디옥교회 30평 가건물 시절 (1983.12)

장신대 신학대학원 시절과 목회

고액의 이자를 물어야 할 판국이어서 '장로회 신학대학교' 3학년 2학기, 한 학기 남은 과정은 명년 9월에나 복학할 계획을 하고 있었다.

그런데 주위에 나를 아껴 주는 목회자들이 '장로회 신학대학교 신학대학원'에 입학하라고 강하게 권고하였다.

그들의 권고를 하나님의 음성으로 알고, 1983년 3월에는 3년 과정의 장로회 신학대학교 신학대학원에 입학하기로 결심하였다.

신학대학원 입학시험 치르는 날, 나는 만원버스를 타고 수험장으로 가는데 하차해야 할 버스 정류장을 그만 지나치고 말았다. 버스를 갈아타고 수험장에 도착했을 때는 시간은 30분이 이미 경과되었다.

첫 시간은 나름대로 자신이 있는 성경시험이었고, 다행이 늦게나마 수험장 입실이 허용되어 200문제의 답을 썼고, 신구약 수백 절의 요절 암송도 거의 다 작성했다.

영어 시험도 거뜬히 해치웠다. 행정고시 준비할 때 영어 단어 2만여 개를 암기했던 것이 유효했다. 장신대 신학대학원 경쟁률이 높기로 정평이 나 있는데, 내가 합격할 수 있었던 것은 하나님의 큰 은혜임에 틀림없었다.

기숙사는 등록 선착순으로 입주 혜택을 주기 때문에 나에게는 해당 사항이 없어 학교 근처의 월세방을 얻었다. 매일12시가 넘도록 공부하고, 4시 30분에 새벽기도회에 참석하고 나서 학교에 갔으므로 많이 힘들었다. 새벽 시간에는 주로 30여 성도들의 가정을 위해 일일이 기도했다.

30평 가건물 교회 시절 (1984. 2)

매주일 본 교회를 지키기 위하여 금요일 야간열차로 출발하여 아침 7시에 송정역에 도착했다. 오전에 설교 준비 끝내고 오후 내내 심방하고, 주일에는 새벽기도회로부터 시작하여 주일학교, 장년부 예배, 오후에는 심방과 저녁예배, 월요일에도 낮 시간 내내 심방하고, 밤에 야간열차로 상경하는 것이 주간 일과였다.

고속버스를 이용하면 서울에서 광주까지 불과 네 시간밖에 소요

되지 않으므로 피곤하지 않으면서 시간을 더 벌 수 있었지만, 당시 교회로부터 받는 월 2만 원 사례비에서 4,300원을 떼어 고속버스를 타는 것은 무리였다. 비록 열 시간을 소요하고 좌석을 잡지 못해 서서 오더라도 고속버스보다 절반 값이었던 완행열차를 선호할 수밖에 없었다.

열차 난간에 서서 큰소리로 기도할 때, 기차소리가 요란하므로 다른 사람을 방해하지 않아서 좋았다.

"주여, 주여! 이 나라, 이 동네가 복음화 되게 하소서."

광주에서 서울로 올라올 때면 화요일 아침에 노량진역에서 내려 두 시간 걸려 신학교가 있는 광장동까지 시내버스 두 번 갈아타고 오면, 멀미가 나고 현기증으로 몸을 가눌 수 없었다.

한 번은 이렇게 정신없이 건널목을 분간하지 못하고 길을 건너다가 차에 치일 뻔했다. 너무 피곤하여 밥맛을 잃을 때면, 밥에 물을 말아 훌훌 마시듯이 삼키고 학교에 갔다.

얼굴이 꺼칠하고 누렇게 떠서 영양실조라는 말도 들었다. 내 키가 174센티니까 보통은 넘는데 신학대학원 3년 과정을 졸업할 때까지 한 번도 54킬로를 넘지 못했다.

교회 개척하고 첫 번째 전도의 열매였던, 안주옥 집사가 닭을 삶아 대접해 주었을 때 눈물이 나서 견딜 수 없었다.

무엇이라도 먹고 힘을 내야 할 것 같아서 정육점에 들러 한근에 200원하는 돼지비계를 사 들고 왔다. 돼지 집 파동으로 값은 말이 아니어서 돼지고기 한 근에 1,200원이었으나 나에게는 부담된 돈이니 비계라도 감사했다.

"여보! 이것 볶아 줘."

아내가 웬 만큼 양념을 해서 주었건만 느끼한 맛의 비계 덩이를 약 먹듯이 꿀떡 꿀떡 삼켰다. 나에게 그것은 영양 보충제였던 것이다.

어느 금요일, 목회자 영성 세미나를 마치고 광주 지방으로 내려가는 교역자들과 함께 영등포역으로 오게 되었다. 그날따라 나는 100원짜리 빵 하나로 저녁을 때우고 대합실에 앉아 있었는데, 시간을 보니 8시밖에 안되어서 세 시간을 더 기다려야 했다. 동행한 다른 교역자들은 특급 열차로 먼저 떠나고 나 홀로 썰렁한 대합실에 쪼그리고 앉아, "주여, 주여"하며 기도하다가 깜박 잠이 들었다. 얼마나 시간이 지났을까, 눈을 뜨고 주위를 살펴보니 사람들로 북적대던 대합실에는 나 혼자뿐이었다.

열차 출발 일분 전, 가방을 들고 뛰어 나가 구름다리 너머 기차에 오르는 순간, 기차는 움직이기 시작했다. 그 날 기차를 놓쳤다면 어찌 되었을까? 돈이 없으니 여관에도 들어가지 못하고 추운 대합실에서 밤새 떨었을 것이다. 때늦지 않게 나를 흔들어 깨워 주신 하나님께 감사 드렸다.

월 2만 원 교역자 사례로는 생계가 어려웠지만, 담임전도사로서 궁핍함을 성도들에게 보이지 않으려고 애썼다. 여전도회 회장이 나의 어려움을 눈치챘음인지 2만 원을 주었지만 "나는 괜찮습니다.

충분합니다."라고 하면서 끝까지 받기를 거절하였다.

신학대학원 3년 과정을 마칠 때까지, 나 자신이 필요해서 다른 사람에게 한 번도 돈을 꾸어 본 적이 없었다. 교역자의 품위를 지킬 수 있도록 하나님께서 은혜로 채워 주셨기 때문이었다.

교회 개척 일 년이 되었을 때, 장년부 재적이 40~50명에 주일예배 출석성도는 30명에 이르렀고, 주일학교 학생들까지 100여 명이 재적하면서 믿음의 분량대로 역사하시는 하나님께 감사드렸다. 나는 지난 해 첫 예배를 드릴 때 "일 년 안에 우리 교회 성도는 100명이 됩니다."라고 큰소리쳤던 것을 기억하면서 믿음의 분량대로 역사하시는 하나님께 감사드렸다.

30평 가건물 교회 시절 (1984. 2)

1984년 새해가 왔을 때, 교회에서는 교역자 사례비를 월 3만원으로 올려 준다고 하였다.

"2만 원으로 됐습니다."

나는 진심으로 그렇게 말했다. 드리겠다, 받지 않겠다, 이렇게 두세 달 동안 실랑이를 벌이다가 결국 내가 지고 말았다. 온정과 사랑으로 가득한 교회로 자라 가는 것을 보면서 새벽공기 같은 신선함을 맛보았다.

1985년도 새해에 장년 출석성도는 60명으로 늘어났고, 교회에서는 "월 5만 원으로 사례비를 올려 드리겠다.", 나는 "그대로 족하다."고 하면서 또 한차례 다툼 아닌 다툼이 일어났다. 나는 하나님 앞에서나, 사람 앞에서 부끄러움 없이 솔직하게 표현했다.

교역자의 생활을 염려하여 힘에 지나도록 더 사례하고 싶어하는 성도들, 성도들의 가정 형편을 헤아리며 오히려 성도들의 손등을 쓰다듬으며 위로하고 싶은 교역자, 이런 교회는 여름날의 참외처럼 향긋하다.

신학대학원 3학년 때, 그러니까 1985년에 제직회를 소집하여, 성전건축 비전을 제시했다. 대지 구입 목표를 세우고 우선 일천만 원 적금을 들자고 제안했다. 이 무렵 우리 교회는 60여 명의 성도에 매월 60만 원 정도의 헌금이 나왔다. 담임교역자·교육전도사·승합차 기사·일반관리비를 지출할 돈도 빠듯한 실정이었다. 우리의 기본목표를 위하여 매월 40만 원씩 적금을 넣자고 하면서 혁신

적인 선언을 하고 말았다.

"장년 출석 성도 100명에, 매월 100만 원의 헌금 목표가 달성될 때까지 나는 20만 원의 사례비를 일체 받지 않겠습니다."

매월 40만 원 적금을 넣는다면 매월 40만 원의 적자는 불을 보는 듯 뻔하므로 나부터 헌신하겠다는 결의를 보였던 것이다.

일 년 남은 신학교나 졸업하고 나서 이런 선언을 했어야 하는데, 좌절을 모르는 나의 믿음의 의지는 앞서 달려가고 있었던 것이다. 나의 눈앞에 커다랗게 다가와 있는 비전은 주위의 소소한 일들을 바라볼 수 없게 만들었다.

매주간 서울에 갈 차비, 등록금, 식구들의 생계문제, 이런 소소한 문제들은 나의 소관에서 이미 떠나 있었다. 대책 없는 사람에게 하나님은 더 좋은 목자가 되어 주신다.

나의 사고방식은 땅의 차원에서 하늘의 차원으로 바꾸어진지 오래였다. 자족의 은혜를 체험하기까지 얼마나 많이 배고프고, 얼마나 낮은 비천한 자리에까지 내려갔던가.

"내가 궁핍하므로 말하는 것이 아니라, 어떠한 형편에든지 내가 자족 하기를 배웠노니 내가 비천에 처할 줄도 알고, 풍부에 처할 줄도 알 아, 모든 일에 배부르며, 배고픔과 풍부와 궁핍에도 일체의 비결을 배 웠노라." (빌 4:11~12).

그리하여 주님은 나에게 '모든 것을 할 수 있게 하시는 능력 주시는 자'가 되었다. 내가 비록 아직은 신학생이고, 조그만 개척교회를 담임하는 전도사에 불과하지만 주님의 능력으로 선이 굵고 폭이 넓은 목회를 하고 싶었다.

장년 성도 백 명에, 대지 470평 구입

내가 사례비를 받지 않고 하나님을 의지하는 것을 하나님께서 기뻐하셨음이 분명하였다. 그 해 가을, 추수감사절 때 장년 출석성도 100명과 헌금 100만 원이 넘게 나왔다.

개척하고 장년 출석 100명 넘기가 힘들다는데 나는 신학생 시절에 이 한계선을 억척스럽게 넘었다. 100명 성도가 채워 질 때까지 담임 교역자가 사례 받지 않고 굶겠다는데, 목자를 사랑하는 성도들이 그 기간을 단축하려고 물불을 가리지 않고 전도했던 축복이었다.

이듬해인 1986년 5월에 4천만 원 상당의 470평 땅을 사게 되었을 때, 그 동안 불입해 왔던 일천만 원짜리 적금이 중도지급 되어 숨통을 트게 해 주었다. 여호와 이레 하나님이 준비하신 것은 항상 완벽하였다.

하나님께서 적기에 일하시게 하려면, 순종해야 할 때를 놓쳐서는 안 된다. 하나님의 일을 느긋하게 할 수는 없었다. 신학교 졸업한 후에 하겠다던가, 어려운 일이 좀 지나면 하겠다고 미루었다면 적기에 살 수 없었을 것이다.

그 땅은 기적의 땅이었다. 그 땅을 평당 85,000원으로 샀는데 일 년 만에 30만 원으로, 2년 만에 60만 원으로, 3년 만에 백만 원으로 시간이 갈수록 뛰어올랐던 것이다.

나는 한 달에 60만 원밖에 안 나오는 헌금에 의존하여 겨우 지탱하는 교회가 되는 것을 원치 않고, 하나님의 요구에 순종하여, 생동하는 교회가 되도록 나 먼저 희생을 자청했다. 하나님께서는 사례비가 없는 그의 종을 절대로 굶게 하시지 않았고, 절대적으로 하나님을 신뢰하는 종에게 오히려 쓸 것을 넘치게 하셨다.

지금으로부터 152년 전에 미국의 존슨 대통령이 러시아 영토 알래스카를 사들인 역사 이야기를 생각하면서, 하나님이 미국을 축복하시는 방법과, 우리 교회를 축복하시는 방법이 비슷하다고 느끼게 된다.

남북전쟁이 종식된 지 얼마 안 되어 사회는 어수선하였고, 경제가 혼란해 있었던 당시에 미국 정부는 720만 달러를 들여 알래스카를 샀다. 텍사스 주의 두 배였고, 미국 본토의 5분의 1에 해당하는 광활한 땅이었지만 의회는 이구동성으로 들고 나와 정부를 공격했으며, 더구나 의회의 승인 없이 비밀리에 처리한 것에 대하여 더욱 불만을 고조시켰다.

대통령이 의회에 나가서 사과하지 않으면 안되도록 여론이 들끓게 되었다.

"의원 여러분, 대통령이 직접 사과를 드립니다. 그러나 이미 주사위는 던져졌습니다. 그 땅은 우리에게 전략적으로 꼭 필요한 땅입니다. 의회의 승인을 거치치 않았던 것은 정보가 새면, 국익에 도움이 되지 않을 것으로 생각했기 때문입니다."

의원들은 정부 측을 향하여 야유를 쏟았다.

"불모지를 거액의 돈으로 사들이는 어리석은 자들이여, 얼음이 필요하면, 미시시피 강 얼음을 깨다가 사용하라."

그러나 전문가들이 동원되어 그 땅을 조사했을 때, 그 땅의 자원들은 황금과 백금, 풍요한 어장과 삼림, 무진장한 석유와 가스로 부유한 나라 미국을 더욱 부유한 나라로 만들었던 것이다. 의원들은 대통령에게 찾아가서 대통령이 의회에서 사과했던 것을 되돌려 드린다고 말했다.

알래스카 역사에서 볼 수 있듯이 우리에게 기회는 반드시 주어진다. 그 때를 놓치는 사람, 핑계 대고 미루는 사람은, 결코 그 축복을 얻을 수 없는 것이 하나님의 축복의 원칙이다.

당시 우리 성도들의 살림살이들은 다 가난했다. 사업 실패로 값싼 사글세방을 얻으려고 변두리를 찾다가 흘러 들어온 사람들, 하사관 단기 교육생들, 그보다 좀 나은 편에 속한 사람들은 하급 장교나, 택시기사 직업을 가진 성도들이었다.

살림살이가 어려웠어도 그들은 고린도 교회 성도들처럼 주님의 일을 위하여 힘에 지나도록 헌금을 드렸고, 가난한 사람들이었지만 마음으로는 훈훈한 정과 사랑이 넘쳤다.

장로회 신학대학교 졸업식 (1986.2)

12
천국과 지옥을
보고 온 사람

1986년 4월 3일, 그 날은 나의 동생 '박영문'에게는 지옥과 천국이라는 갈림길에서 생의 전환점을 맞는 날이요, 나에게는 동생에게 일어난 일로 인하여 앞으로의 나의 목회 패턴을 새로이 형성하게 된 날이기도 하다.

동생 영문은 내가 군에 있을 때 나보다 일 년 먼저 결혼했고, 그의 성실하지 못한 행동으로 나를 포함하여 부모 형제들이 많이 애를 먹었다. 가정생활도 탐탁하지 못하여 언제 불화의 불씨가 불거질지 모르는 상황이었다.

그는 사탄의 하수인이 될 뻔했다

그는 며칠 전부터 처가 일가족 8명을 몰살시킬 엄청난 계획을 세우면서, 복수의 칼날을 갈고 있었다. 어찌하여 그는 사랑하는 아내와 그 가족들에게 복수의 비수를 들이대게 되었을까?

내 동생 영문이는 참으로 기구한 운명을 지닌 사내였다. 사건은 그가 교통사고를 내고 100일간 영등포 구치소에 갇히게 되었을 때부터 시작된다. 그의 아내는 한 번도 면회 오지 않았다. 처음에는 사정이 있어서 못 오는 줄 알았을 것이고, 조금 지난 다음에는 면회 오지 못하는 이유를 이해하려고 애썼을 것이다.

그런데 출소한 날에도 아내를 보지 못했다. 이미 아내는 그의 품에서 떠나 종적을 감추었고, 타인의 아내가 되었다는 소식을 들었다. 장모의 충동질로 신발을 거꾸로 신었던 것이다. 여자의 어머니, 그녀는 하와를 꼬인 뱀이었다. 그래서 그는 배반한 아내뿐만 아니라 딸을 그렇게 만든 부모까지도, 그 부모가 낳은 자녀들까지도 한꺼번에 몰살시켜 운명의 신을 대신하여 준엄한 심판을 내리기로 결심했다.

그 분노를 누가 헤아릴 수 있으랴! 누가 지옥의 불 같은 인간의 잔인한 본성을 잠재울 수 있으랴!

그는 처가 일족을 몰살시킬 방법을 강구해 두었고, 그 다음에 자신의 행동지침까지 마련했다. 고요히 잠든 새벽에, 그들이 밖으로 나오지 못하도록 문을 봉쇄하고 석유를 뿌려 불을 질러 태워 죽이고, 적어도 소방차가 달려오기 전에 연기로 질식시키는 잔인한 살육 시나리오였다. 이어 그들의 죽음을 확인한 후에 술에 극약을 타서 스스로 세상을 하직한다는 것이었다.

어머니, 보고 싶은 어머니

일을 저지르기 전에 고향에 내려온 것은 어머니 얼굴을 마지막으로 보고 싶어서였다. 어머니는 아내라는 이름의 여자와는 달랐다. 어머니는 그의 마음의 고향이었고, 생명의 자리였으며 어머니라는 그 이름은 곧 포근한 사랑 자체였다. 마지막으로 한 번 어머니를 보고 싶었다.

아내는 그의 사랑을 배반했지만 어머니의 사랑은 한이 없어서 서울까지 머나먼 길을 한숨에 달려와 아들을 면회하고 아들의 손등에 눈물을 뿌렸던 어머니, 효도 한 번 못해 보고 속을 썩혀 드린 아들이었지만 세상을 떠나는 마지막 여행길에 작별 인사는 하고 싶었던 것이다. 어머니를 뵙겠다는 것 자체가 효성이었다.

어머니가 아들에게 바라는 것은 아들의 모습이었고, 보는 것만으로 어머니는 기뻐할 수 있기 때문이다.

세상에서 아들이라는 이름을 가진 사람은 몹쓸 짐승과 같은 추악한 모습을 지녔을지라도 어머니라는 이름 앞에서는 그 가면을 벗고, 얼음장처럼 차가운 가슴을 지녔다 할지라도 어머니 앞에서는 봄눈처럼 눈물이 흘러내린다. 그러나 처가 일가족 8명에 대한 증오의 불길을 멈추지는 못했다.

그 날 저녁 10시경, 그는 송정역에서 11시 10분 기차표를 끊어 놓고 조그만 방에서 기다리고 있었다. 그 방에는 형광등이 아니고 불그스레한 30와트짜리 전구여서 그리 밝지는 않았다.

우렁찬 목소리, "여봐라, 여봐라!"

그런데 그가 믿지도 않는 하나님께서는 그를 위하여 일을 시작하셨다. 그에게 주님이 나타나기 전까지는 주님의 계획을 알 수 없는 일이었다. 성경에 보면, 하나님께서는 어떤 사람을 주권적으로 지명하며 부르시는 것을 볼 수 있다. 그리고 그에게 해야 할 일을 지시하신다. 모세에게도, 기드온에게도, 바울에게도 하나님께서는 그 원칙을 적용하셨다.

그는 조그만 방에 앉아 담배를 입에 물었다. 이어 성냥불을 당기는 순간, 우렁찬 목소리가 들려 왔다.

"여봐라, 여봐라!"

두 번이나 연속적으로 울리는 음성이 너무 커서 고막이 터질 지경이었다.

분명히 사람의 음성은 아니었고, 커다란 전축에서 '쿵쿵쿵' 울리는 소리 같았으며, 산에서 들려오는 메아리와도 같았다. 너무 이상해서 대문 밖에 나가 두리번거리며 누굴까? 하고 찾아보았으나 아무도 보이지 않았다.

다시 방으로 들어와 피우다 남은 담배를 손에 쥐고 성냥불을 막 켜려고 하는데 갑자기 방 안이 대낮처럼 환해지는 바람에 엉겁결에 문 쪽을 바라보았다.

창호지를 바른 문에 일곱 빛깔의 무지개 빛이 선명하게 내리 깔리면서 위에서부터 그 빛 가운데로 어떤 물체가 내려오고 있었는데 자세히 보니 흰옷을 입은 사람의 형상이었다. 분명하지는 않지만 그 사람이 한 손을 들고 있는 것 같았고, 손바닥은 제대로 보이지 않았다. 그런데 그분의 얼굴을 향하여 보름달 크기의 불그스름한 불덩이가 쫘악 비치고 있는데 그 빛으로 눈이 부셨다.

사람의 형상을 가진 흰옷 입은 물체가 내려와 머물렀을 때, 바로 이어 사각 모양의 수레가 따라 내려오고 있었다.

그 수레 안에 있는 세 개의 의자 중에서 가운데는 비어 있었고, 양편에는 흰옷을 입은 두 사람이 앉아 있었다. 두 사람의 얼굴에서 눈, 코, 입을 보았는데 그 아름다움은 형언하기 어려웠다. 수레는 우리가 세상에서 보는 금반지, 금목걸이처럼 누르스름한 빛이 아니라 황금빛으로 찬란하게 빛나고 있었다.

마차 안 양편에 앉아 있는 두 사람의 흰옷에도 진주인지, 다이아몬드인지 모르지만 콩알만한 보석들이 총총히 맺혀 있었고, 거기서도 눈부신 광채를 발하고 있었다.

그런데 나의 동생 영문이 다시 한 번 수레를 쳐다보았을 때, 그들과 똑같은 옷을 입은 사람이 황금 수레 가운데 빈자리에 앉으면서 고개를 돌리는데, 그 사람이 바로 영문이 자기 자신이었다.

거울 앞에 서서 자기를 비쳐 보는 것처럼, 분명히 자기는 방에 앉아 있고, 또 한 사람의 자기는 황금 수레 가운데 의자에 앉아 있는 것이 아닌가.

마치 사도 바울이 낙원으로 이끌려 갔을 때, 자기가 몸 안에 있었는지, 몸 밖에 있었는지 모르며 오직 하나님만 아신다는 체험(고후 12:1~4)과 일치하는 것이었다.

금수레를 타고 하늘로

동생 영문이는 금수레를 타고 낙원이라고 여겨지는 곳으로 가서 아름다운 음악 소리를 들었고, 진기한 화초들이 있는 꽃밭과 수많은 사람들을 보았다. 황금 집에 이르렀을 때, 거기에서는 사람은 보이지 않았는데 우편에 있는 천사가 "여기가 천국입니다."라고 말했다. 말로 표현할 수 없는 아름다운 집들을 보았다.

그리고 캄캄한 지옥을 보여 주셨다. 불구덩이에서 고통받는 모습, 큰 구렁이에 감겨 고통받는 모습, 독사굴에서 고통받는 모습, 큰 늪에 빠져 짐승에게 찢기는 모습 등을 보여 주셨다.

예수님은 내 동생 영문에게 천국과 지옥을 모두 보여 주고 나서 심판대 앞으로 인도하더니 그에게 132 종류의 죄가 있다고 지적해 주셨다. 그리고 한 종류 안에 세세한 죄의 목록이 들어 있는데, 술

먹고 난장 피운 일이 제일 많고, 내 돈 떼어먹은 것도 적혀 있었다. 주님은 근엄하게 물으셨다.

"믿겠느냐?"

"주여, 믿습니다."

그는 그 자리에서 무릎을 꿇고 눈물을 흘렸다.

이것이 복음이다.

나는 동생에게 복음의 핵심을 가르쳐 주고 싶었다.

"영문아! 너, 네 증언의 핵심이 무엇인 줄 아느냐?"

그는 당연히 모른다고 대답했다. 나는 간단히 설명해 주었다.

"믿겠느냐? ─ 주여, 믿습니다. 이것이 바로 증언의 핵심이 되어야 한다."

불신자들은 하나님을 "주여!" 또는 "아버지"라고 부르지 않는다. "주여"라고 부르는 것은 "나의 구주여"라고 고백하는 것이다. '주여, 믿습니다.' ─ 이 고백으로 구원을 얻는다.

예수님은 그에게 분부하셨다.

"너 본 것을 더하지도 말고 빼지도 말고 다 증언하여라."

성경에도 하나님의 말씀을 가감하지 말라고 엄명하고 있다. 주님께서 친히 그에게 명령으로 절대로 가감하지 말고 증언하라고 했으므로 후에 그의 체험을 간증할 때 '천국과 지옥의 증언'이라고 했다.

마지막으로 헤어질 때, 주님께서는 "두고 보리라"고 말씀하셨다. 예수님의 마지막 말씀은 "내가 너희에게 분부한 모든 것을 가르쳐 지키게 하라. 볼지어다 내가 세상 끝 날까지 너희와 항상 함께 있으리라 하시니라."(마 28:20)라는 성경말씀에 해당된다.

예수님께서 그에게 친히 하신 말씀은 성경의 핵심 내용이다.

"여봐라, 여봐라!"

"믿겠느냐?"

"증언하여라."

"두고 보리라."

탕자처럼 방황하던 인생이 전도자로

어느 날, 나는 목사고시에 대비하여 기도원에 가서 준비하고 내려왔을 때 동생 영문에게서 전화가 왔다.

"형님, 내가 천국과 지옥을 보고 왔으니 교회에서 이야기해야 되겠어요."

"시간이 얼마나 걸리겠느냐?"

"한 시간이면 돼요."

"주일예배에서는 너무 길면 안 된다. 삼십 분 내로 끝내라."

오래 전에 내가 번개탄 대리점을 할 때, 당시 많은 돈을 갚지 못하고 서울로 가서, 탕자처럼 방탕한 생활로 귀한 세월들을 허송하다가 어느 날 무슨 심술로 개척한 지 일 년도 채 안된 내 교회에 한밤중에 술 먹고 숨어 들어와서 석유 뿌려 불지르고 도망하려 했는데, 그 날 철야기도 하던 성도들의 기도를 들으시고 하나님께서 교회를 지켜 주셨던 것이다.

그런 못된 인간을 하나님께서 사랑하셔서 그분의 주권적인 역사로 그에게 천국과 지옥을 보여 주셨다.

우리 교회에서 있었던 그의 첫 번째 간증집회는 참으로 놀라웠다. 무엇보다도 하나님께서 그를 사용하시는 방법이 놀라웠다. 동시에 나 같은 죄인을 사유하시고, 용납하셔서 그의 종으로 삼으신 사실을 동생의 특별한 체험을 통하여 절실하게 깨닫게 되었고, 나의 목회를 쇄신하는 계기가 되었다.

30평 가건물에서, 박영문 장로의 간증하는 모습(1988. 6)

그 날의 간증은 45분 카세트테이프로 나왔다. 그 당시 영문은 신문 보급소에 다니고 있었는데 우리 교인들을 상대로 신문 구독자를 늘리려고 했다. 담임교역자 동생이 형의 위치를 이용하게 되면 교회 내에 부작용이 생기기 마련이어서 하지 못하게 막았다.

"그럼 형님! 교회 봉고차 기사로 써 주세요."

"영문아! 하나님이 너를 자동차 운전기사로 쓰시려고 너에게 천국과 지옥을 보여 주었겠느냐?"

"그럼 내가 무엇을 해야 하는데?"

"간증을 해라!"

"간증이 무엇인데요?"

"네가 본 그대로 교회에 가서 이야기하는 것이야."

"그러면 나는 무엇 먹고 살게?"

"내가 너에게 한 달에 십만 원씩 보장할 터이니 그 대신에 교회에서 사례 봉투 주면 나에게 꼭 갖다 주어야 한다."

"좋아요. 그렇게 하겠어요."

당시에 나의 월 사례비는 이십만 원이었는데 절반을 떼어 주기로 동생과 약속했다.

나는 농촌 교회 친구 전도사에게 부탁하여 간증을 내보냈다. 그 후 그의 집회 초청은 날로 쇄도하여 주일, 수요일도 밀려서 평일 집회까지 짜이게 되었다. 그 후 그의 간증을 담은 카세트 테이프를 문화부의 공윤심의를 거쳐 합법적으로 제작하여 공급했다.

카세트테이프는 불티나게 팔려 나갔고 한 달 십일조를 육십만 원씩 바쳤다. 하나님의 섭리는 참으로 놀랍다. 하나님께서 이 일을 통하여 수천만 원을 주서서 이것으로 옛날 사업할 때, 어지러 놓은 돈을 깨끗이 청산했다.

바닥 좁은 지역사회에서 목회하는데, 사업하다 진 빚을 그대로 안고 있으면 목회에 자유로울 수 없다. 교역자가 돈 벌수 있는 길도 없고, 그렇다고 교역자 사례비로 갚을 수 없는 노릇이니 하나님께서 선한 길을 예비하셔서 복음이 전달되면서 나에게 물질 축복을 더하여 주신 것이다. 또한 상당한 금액의 교회 건축헌금을 교역자가 앞장서서 드릴 수 있었으니 그 은혜를 다 찬양할 수 없었다.

그 때부터 내 동생 영문은 국내외 교파를 불문하고 크고 작은 교회에서, 2천여 회의 간증과 1천여 회의 부흥집회를 인도했으며, 가는 곳마다 성황을 이루었고, 개 교회 집회 역사상 가장 많은 사람들이 회집했다는 보고도 들었다. 그 후 장로가 되었고, 다니엘 수양관을 설립하여, 수많은 영혼을 천국으로 추수해 올렸다.

지금 생각해 보면, 하나님의 불가항력적인 은혜라고 밖에는 말할 수 없다. 처가 일족을 몰살시킬 악마의 도구가 될 뻔한 그를 하나님이 강권적으로 개입하시고 그를 사용하신 놀라운 섭리를 사람으로서는 이해할 수 없다.

외할머니의 태몽 꿈도 희한하고 그대로 된 것도 희한하다. 외할머니의 꿈에 하늘로부터 내려온 두 사람, 즉 사모관대를 한 남자와 사모관대를 하지 않는 남자는 두 아들, 나하고 동생 영문을 연속적으로 낳을 꿈이었다.

천국과 지옥을 보고 온 후에 나는 그에게 성경을 읽으라고 했지만, 처음에는 무슨 말인지 모르겠다고 해서 오디오 테이프를 계속 귀에 꽂고 다니라고 했다. 마침내 그에게 말씀이 열렸고, 금식과 기도 훈련에 더하여 말씀의 사역자로 변신했다. 이처럼 하나님이 쓰시는 사람은 생명이 다하는 날까지 그 분의 도구가 된다.

보통 간증자들의 집회 인도하러 다니는 수명이 단명하고 넘어지기 쉬운 것은 말씀에 바로 서 있지 못하기 때문이다.

그는 우리 교회에서도 말씀 부흥회 인도를 몇 차례 했는데, 부흥회 역사상 가장 많이 은혜를 받았다는 말을 들었다.

10의 5조 신앙, 아파트를 성전건축에 바친 박영문

하나님께서는 나의 동생 박영문을 바쁘게 사용하셨다. 내가 생각하기로는 그의 순종을 하나님께서 미쁘게 보시고 사용할 때마다 능력으로 역사하신 것 같다.

그의 회심 후, 처음 신앙생활에서부터 나는 그에게 십일조를 강조했다.

"영문아! 십일조를 드릴 때에는 항상 총액에서 하여라."

"예, 알았습니다."

순종하는 것을 보면 참 고맙게 여겨진다.

그는 시간이 갈수록 유명세를 타게 되었고, 부흥집회, 간증집회가 끊임없이 이어졌다. 30여년 전에 우리 교회 대지를 구입할 때, 나는 그에게 두 번씩이나 일천만 원 작정헌금을 하게 했다. 그 후에도 그는 주님을 위해, 주님이 주신 것을 아낌없이 내놓았다.

"영문아, 너 살고 있는 아파트 등기 가져오너라."

스무 평 남짓한 서민 아파트는 그의 전 재산이었는데, 나는 그것을 주님 앞에 내놓으라고 한 것이다. 나의 안중에는 오직 교회 부흥 성장밖에 없었다.

"형님! 형님에게는 교회라도 있지만 나는 천국·지옥 간증집회 인도 초청이 끊어지면 어떻게 하라고요?"

"야! 너 천국 지옥 다 보고 와서 그렇게도 믿음이 없느냐?"

나의 기세에 눌렸음인지 아파트를 팔아서 절반만 바치겠다고 절충안을 제시했다.

"야! 심는 대로 거두게 하시는 하나님이신데, 왜 믿음으로 심지 못하느냐?"

며칠이 지났을까? 새벽기도회에 나와 말씀에 은혜를 받았다며 그의 아파트를 등기하여, 강대상 위에 올려놓았다.

"하나님! 아들을 축복하소서."

하나님께 드리는 것을 즐거워했던 다윗처럼, 박영문은 하나님의 것을 맡고 있는 자로서 주님이 필요할 때 내어 드리는 심정으로 즐거이 바쳤다.

"나와 나의 백성이 무엇이관대 이처럼 즐거운 마음으로 드릴 힘이 있었나이까? 모든 것이 주께로 말미암았사오니 우리가 주의 손에서 받은 것으로 주께 드렸을 뿐이니이다." (대상 29:14).

심는 대로 거두게 하시는 하나님께서는 그에게 복을 쏟아 부어 주셨다. 다니엘 수양관을 지을 때, 대지와 건축비가 20억 원이 넘게 들어갔다.

"형님! 나는 10의 5조보다 더 많이 하고 있어요."

"그래 내가 다 알고 있다."

그의 십일조 봉투는 명목에 따라 세 개로 구분하는데 강사 사례비, 수양관 헌금, 카세트테이프 판매 값이다.

카세트테이프에서 하는 십일조는 원가를 제하고 수익금에서 하는 것이 아니라 총 매출에서 했고, 수양관 헌금에서도 직원들의 급여를 지출하기 전에 총액에서 십일조를 떼어 바쳤으니 강사비까지 산출하면 10의 5조가 넘는다고 했다.

박영문의 십일조 헌금은 나의 목회에 큰 힘이 되었고, 매달 마지막 주간을 기다리게 되었다.

지금 생각해 보니 초신자 때부터 "영문아! 십일조를 드릴 때에는 항상 총액에서 하여라"고 십일조 계산법을 가르친 것이 천만다행이었다. 나는 그에게 물질을 많이 심게 하였고 억지로라도 바치게 하였더니 하나님께서 그에게 물질의 축복을 부어 주신 것이다.

13
목사의 자리
장로의 자리

나의 동생 영문은 천국과 지옥을 다녀온 후에 신령한 눈이 열렸다. 어느 날 우리 교인들, 나 그리고 동생과 함께 헐몬 산 기도원에 기도하러 갔다.

"영문아! 우리 교회 부지를 사야 하는데 어디가 좋겠는가 하나님께 좀 여쭈어 보아라."

그는 40분쯤 기도하는 중에 내려왔다.

"형님! 봤어요. 하나님께서 운천저수지 뒤 수문 건너편 밭을 보여 주셨어요."

그리하여 앞에서 얘기한 그 470평을 4천만 원에 사게 되었고, 그로부터 8년 후까지 현재 우리 교회의 부지가 된 3,000평의 땅을 더 확보하는 계기가 되었다. 참으로 하나님께서 정하신 자리임에는 틀림없었다.

지혜의 신이신 하나님께서는 미래에 이루어질 것까지 아름답게 예정하고 계셨다. 뒤편 산은 공원부지로 지정되었고, 앞쪽은 운천 저수지가 자리 잡고 있어서 도시 안에 전원으로 자리 잡고 있다. 주변은 시청이 들어선 상무 신도시가 형성되었고, 그야말로 도시 전원형 교회로 성장할 수 있는 전망이 밝은 자리가 되었다.

교회 일에 반대하는 사람들

나는 이미 470평의 땅을 사게 된 동기와 교회 살림이 어려운 중에서도 교회 발전을 위하여 정성을 모아 드리게 되었을 때, 일천만 원 적금도 들고 성도들이 전도하여 교회성장 목표를 동시에 이룬 일석이조의 성과를 얻었던 이야기를 썼다.

여기에서는 분명히 하나님께서 예정하신 일이라 할지라도 교회 안에 반대 세력이 있으며, 주의 일을 추진할 때에는 민주주의가 아닌 신본주의로 해야 된다는 것을 여기에서 얘기하려고 한다.

1986년 5월, 당시 주일예배 장년 출석 성도는 약 150여 명이었고, 건축위원은 14명이었다. 예의 대지를 답사하고 나서 건축위원 전원이 반대하고 나섰다. 하나님께서 이 땅을 후보지로 선명하게 보여주셨음에도 불구하고 모든 사람이 다 반대하고 나선 것은 참으로 이상한 일이 아닐 수 없었다. 건축위원들은 두 가지 이유를 내놓았다.

첫째, 현재의 교회로부터 너무 멀리 떨어졌다는 것이다.

사실은 일 킬로밖에 안 떨어진 곳이지만 그 당시에는 개발되지 않았기 때문에 멀게 느껴질 수 있었다. 그들의 비전은 조그만 마을 교회였던 것이다.

둘째, 그 땅이 너무 넓다는 것이다.

우리 교회 규모로는 200평이면 충분하다는 것이었다. 앞을 내다보지 못한 그들의 고루한 사고를 바꾸지 않으면 안 되었다.

"이제부터 개발지역으로 나가야 합니다. 앞으로 두고 보세요. 방대한 주차장 시설도 필요하게 됩니다."

60평 가건물 시절 (1987.12)

지금으로부터 40여 년 전의 차량 수는 오늘날에 비해 10분의 1이었으니 그들에게 나의 주장은 비현실적으로 비쳐진 것이 분명했다.

나의 설명에 결사반대는 없었지만 그들의 표정을 살펴보니 반기는 기색이 전연 보이지 않았다. 민주주의 원칙으로 한다면 이 일은 영락없이 부결될 판이었다.

나는 회계집사가 가지고 있는 전액 600만 원을 달라고 하여 나 혼자서 그 땅을 4천만 원에 계약했다. 중도금은 1,400만 원을 치를 때는 일천만 원 적금을 30% 이상 넣었으므로 전액 적금 대출을 받아 400만 원을 빚내어 맞추었다. 내가 교회로부터 사례비를 받지 않고 적금을 넣은 것이 이 때를 위함인 것 같았다. 무엇보다도 중도금을 지불했으니 계약금을 떼일 염려가 없어서 좋았다.

잔금 2천만 원 마련은 막연했지만 나는 주님이 예비하고 있다는 것을 확실히 믿고 있었다. 다만 돈 마련을 위해서 뛰어 다녀야 할 것은 나의 몫이었다.

다수가결의 함정

하나님의 교회 안에서 주의 일을 하고, 안 하는 것을 결정할 때에는 소위 민주주의 방식이라는 다수가결로서가 아닌 신본주의로 해야 한다고 주장하게 된 것은 교회 대지 470평을 살 때의 경험을 하고 난 후부터였다.

의회정치 형태에서 시작한 민주주의 원리는 국민에 의해 선출된 대표들이 다수가결로써 의사를 결정하는 지상에서 가장 합리적인 방식인 것만은 분명하다. 그러나 그것은 교회 바깥의 일이고, 교회 안의 일은 하나님 나라 일이니 소위 세속적 방식과는 같을 수 없다는 것이 나의 지론이다.

우리의 사고와 행동의 기초는 성경이니 성경에서 예를 들어보자. 이스라엘 백성들이 애굽을 탈출하여 가나안 접경지대 가데스바네아에 이르렀을 때 지도자 모세는 40일 동안 그 땅을 탐지하도록 12명의 정탐꾼을 가나안에 파견했다.

그들의 탐지에 의하면, 그 곳은 과연 젖과 꿀이 흐르는 땅이었고, 과일도 무르익고 살기 좋은 기름진 땅이었다. 그들은 돌아와서 모세와 백성들 앞에서 보고 느낀 대로 보고했다. 12명 중에서 10명의 종합보고는 다음과 같았다.

"우리가 꿈꾸던 아름다운 산, 아름다운 땅이 저 앞에 있습니다. 그러나 한 가지 문제가 있습니다. 그 곳에 살고 있는 아낙 민족은 거인이고 다 전사들입니다. 그들에 비해서 우리는 메뚜기와 같습니다. 우리가 들어가면 다 죽습니다."

이 보고를 들은 백성들은 실망과 좌절에 빠졌고 가나안을 눈앞에 두고 광야에서 다 죽게 되었다고 탄식, 통곡하면서 가나안 땅에 들어가서 칼날에 살육 당하느니 광야에서 죽기를 바랐다.

그러나 나머지 두 사람, 여호수아와 갈렙의 보고는 이러했다.

"우리는 능히 그들을 정복할 수 있습니다. 그들은 아무것도 아닙니다. 하나님께서 그들을 우리에게 붙이셨으니 그들은 우리의 밥입니다. 우리의 할 일은 그 땅에 들어가서 정복하는 것입니다."

백성들의 대표로서 정탐 임무를 수행하고 돌아온 12명이 의회를 구성하고 민주주의 방식이라는 다수가결로서 가나안 진군의 여부를 결의한다면, 결국 10:2로, 지도자 모세가 표결에 참가한다고 해도 10:3으로 부결될 것이다. 그 결의대로 한다면 이스라엘 백성들은 광야에서 죽던가 아니면 애굽에 돌아와서 다시 종노릇을 해야 할 것이다.

하나님께서는 결국 불신의 정탐꾼들을 살려 둘 수 없었다. 이것이 곧 하나님의 주권이다.

하나님이 원하시는 것은 인간이 다수가결로 결정하는 것이 아니라, 하나님의 약속의 말씀에 순종하는 것이다.

목사와 장로의 갈등

많은 교회들에서 목사와 장로들의 갈등이 첨예화되어 하나님의 일이 얼마나 지체되고 있는가? 장로도 하나님의 기름 부음 받은 종임에는 틀림없다. 그러나 목사와는 직임이 다르다는 것을 망각하고 장로들만의 모임에서 어느 특정 목회자에게 '목사'라는 호칭도 빼 버리고 이름만 대면서 비판한다는 얘기를 들었다. 그렇게 노골적으로 발언하고 나선 장로는 똑똑하고 야무진 사람으로 존경을 받는다는 것이다.

목사는 목사대로 장로들을 협력자로서 이해하기보다는 짐으로 여기고 장로들을 압박하려 들기도 한다.

목사에게 장로는 두려운 존재인가? 장로에게 목사는 군림하는 존재인가?

하나님은 얼마나 탄식하실까? 하나님께서 사울을 기름 부어 이스라엘 왕으로 삼으셨지만, 후에 사울이 안하무신(眼下無神)하므로 하나님께서 그를 왕 삼으신 것을 후회하셨다고 하지 않는가? 하나님께서 우리를 일꾼으로 선택하신 후에 우리의 모습을 보고 후회하실까 두렵다. 우리는 택함 받은 자인데 오히려 선택의 주체자로 여기는 어리석은 종이다.

"너희가 나를 택한 것이 아니요, 내가 너를 택하여 세웠느니라."

목사의 권위와 장로의 순종이 조화되었던 주기철 목사와 조만식 장로 사이의 아름다운 일화가 생각난다. 주기철 목사가 평양 '산정현교회'에서 목회할 때 예배가 벌써 시작한 후에 조만식 장로가 들어왔다. 조 장로가 교회에 오다가 중요한 사람을 만나 잠간 얘기하다가 조금 늦었던 것이다.

"장로님! 거기 서서 예배드리시오. 장로가 늦으면 교인이 무엇을 본받겠습니까?"

조 장로는 그 날 선 채로 예배드렸고 예배 후 주 목사를 찾아와

주의 종의 마음을 아프게 한 것을 용서해 달라고 빌었다고 한다.

조 장로는 오산학교 교장이었고, 청년시절에 주기철은 그 학교의 학생으로 조 장로에게 배웠으니 그의 제자였다. 주기철 목사를 산정현교회에 청빙할 때, 교회 대표로서 주 목사를 찾아가 무릎을 꿇고 허락해 달라고 간청했다는 얘기는 우리의 가슴을 울리게 한다. 자기 제자였지만 주의 종으로 섬겼던 그는 진실로 겸손의 사람이었으니 그 목사에 그 장로였다.

겸손의 대인, 조만식 장로가 그립다. 흠 없는 사람이 어디에 있을까마는 선택받은 자로서 인격적으로 도덕적으로 흠잡을 데 없이 온전하고 순결한 사람이 되려고 노력하는 사람이 곧 대인이 아니겠는가?

한번은 맹자에게 그의 제자가 "스승이시여, 누가 대인이고 누가 소인입니까"라고 질문했을 때 그는 이렇게 대답했다.

"사람을 사랑하고 의를 지킬 줄 아는 사람은 대인이요, 사람을 사랑하지 못하고 의를 지키지 못하는 사람은 소인이다."

어떤 장로는 "혼자서라도 신자들의 대표자로서 야당이 되어야겠다."고 한다. 교회 안에서 여당도 야당도 있을 수 없다. 오직 그리스도 안에서 한 지체이기 때문이다.

교회에서 장로들이 목회자를 쫓아낸다는 말은 어제 오늘의 얘기가 아니다. 목회자 아버지가 교회에서 장로들에게 쫓겨나는 것을 보고 절대로 목회자의 길을 걷지 않겠다고 결심한 목회자 아들도 있다.

그리고 신성한 교회 내에서 누가 누구를 쫓아낸다는 말인가? 어느 편에 잘못이 있든지 간에 하나님의 사랑을 외치는 교회 내 감독자 사이에 세력 다툼에서나 있음직한 폭력적인 언어가 사라지기를 바란다.

오래 전에 50세를 바라보고 있는 시골 교회 목사를 만났다. 21일 간의 금식을 마친 지 얼마 안되었다고 하면서, 그가 나에게 얘기한 가슴 아픈 사연은 이렇다.

그는 장년 30여 명의 교회에 부임하여 14년 동안 온 정열을 쏟아 장년 80여 명으로 부흥시켰고, 예배당도 아담하게 지었다. 예배당을 지을 때는 도시나 농촌을 막론하고 빚을 지게 되고 교회는 그 재정난 때문에 시험이 들기도 하는데 빚을 청산하고 오히려 재정이 남아돌 정도였다.

이렇게 안정된 목회를 하고 있는 그 목사에게 무슨 위기가 왔기에 고민하고 금식기도를 했다는 말인가? 그 교회의 50대 후반의 선임 장로가 담임목사를 몰아내려고 한다는 것이다. 그 장로는 교회 내에서 아무도 넘볼 수 없는 세력이 있었고, 더욱이 그 지역 장로회 회장직에 있어서 그 힘이 이만 저만이 아니라는 것이다.

목사가 한 교회에서 20년을 목회하면, 은퇴목사로 추대되어 은퇴 후에도 교회로부터 생활비를 받게 되는 교회법이 있어서, 목회 20년이 되기 전에 담임목사를 내보내고 재정부담을 지지 않으면서 자기 뜻대로 교회를 이끌어 갈 생각이라는 것이다. 무엇인가 오해에서 빚어졌을 가능성도 있을 것이니 사실이 아니었으면 좋겠다.

통합측 교단 내에서 대교회로 성장한 서울 소재 한 교회는 당회 내규로 시무장로는 총회 산하 '장로회' 가입을 불허하고, 이를 어기고 가입할 경우 제명한다는 말을 들었다. 장로회에 가입한 장로이기 때문에 교회 내에서 문제를 일으키는 것도 아니고, 장로회에 가입하지 않은 장로이기 때문에 교회 내에서 충성스러운 일꾼이라는 등식은 없다. 그러나 개 교회에서 문제를 일으키고 있는 장로들 가운데 장로회 회원인 경우가 많은 것이 사실인 모양이다.

그래서 장로교가 민주적이고 이상적인 제도이기는 하지만 장로의 권한이 증대될수록 마치 목사의 권한이 상대적으로 줄어들어 장로 앞에서 목사가 밀린다는 인상을 주게 되는 것이다. 교회라고 해서 완전한 기관이 아니다. 세상의 제도가 어디 하나라도 완전한 것이 있었던가?

내가 목사의 입장에서 장로를 비판하거나 비하시키려는 의도는 없다. 장로도 목사도 다같이 하나님의 기름 부음 받은 종이니 그리스도의 사랑 안에서 서로 짐을 지고 섬기는 관계가 되자는 것 뿐이다.

교회 직분은 역할 분담에서 출발해야 하고, 어디까지나 수평적이어야 한다. 그리고 섬김에 있어서 "직분은 올라가는 것이 아니라 내려가는 것"이다. 직분을 맡을수록 낮은 자리에 있어야 은혜를 받는다. 위로부터 내려오는 것이 은혜가 아니던가!

만일 그 반대가 되면, 믿는 자가 반드시 받아야 할 최고의 축복인 은혜를 받지 못한다. 은혜 못 받은 사람은 천하를 얻었다고 해도 하나님이 보시기에 사실은 아무것도 얻은 것이 없는 사람이다.

교회에 충성하는 것은 장로나 권사가 되기 위해서라는 말도 있다. 교회 직분은 계급이 아니라 '일'이다. 직분자는 사역자이다. 다른 말로 말하면 섬기는 자이다. 교회 직분에 대한 바른 태도로 수임한 사람들이 많으면 많을수록 교회는 건강하게 성장할 수 있다.

오늘날 교회의 과업이 무엇인가? 교회를 통하여 하나님의 뜻을 이루는 것이다. 과업의 완성을 위하여 교회는 사역 분담이 이루어져야 한다. 그러나 교회에 충성하려다 보면, 사역자간에 충돌이 일어나고 상호간에 견제가 생기기 마련이다.

교회와 목사를 위한다는 명분으로 교회 일에 제동을 거는 장로도 있다. 주님의 교회 안에서 교회와 복음에 관련한 일들마다 다 주의 일이니 아무리 선한 동기를 가지고 반대한다고 할지라도 하나님이 기뻐하지 않으신다.

다윗이 왕권을 장악하고 아미나답의 집에 간직했던 하나님의 법궤를 예루살렘 성으로 실어올 때, 아미나답의 두 아들, 웃사와 아효가 소 수레를 모는데 갑자기 소들이 뛰어 궤가 땅에 떨어지게 되므로 웃사는 급히 궤를 붙들었다.

바로 그 순간 웃사는 그 자리에서 즉사하고 말았다 (삼하 6:7). 하나님의 궤를 옮기거나 만질 수 있는 사람은 제사장과 레위 인이라는 규례를 다윗도 웃사도 몰랐지만 하나님께서는 법으로 규정해 두셨으므로 (민 4:15) 그를 치신 것이다.

인간이 보기에 웃사의 행동에는 잘못이 없었다. 그러므로 하나님의 법과 인간의 생각에는 차이가 있다. 이것이 서로 상충될 때 우리는 두려운 마음으로 하나님의 법을 따라야 한다.

목회자가 조심할 세 가지

흔히들 목회자에게 세 가지 조심할 것이 있다고 한다. 그것은 여자·물질·명예이다. 뒤돌아볼 틈 없이, 쉴새없이 달려오던 목회자에게 어느 순간에 마음의 여유가 생기게 된다. 교회 개척 시절의 긴장들은 어느새 느슨해지고 이제 좀 쉬면서 하자는 생각에 솔깃해질 때 시험이 온다. 그리고 여자의 시험은 젊은 사람이나 늙은 사람을 불문하고 찾아온다.

어느 날 목사가 목욕탕에 갔다가 연로하신 목사를 만났던 이야기를 전해 들었다.

"목사님께서는 연로하시니 여자 생각 안 나서 참 좋겠어요."

"모른 소리 말아요. 젊은 목사, 나도 남자야. 남자는 관에 들어갈 때까지 조심해야 돼. 누구든지 선 줄 아는 자가 먼저 넘어지는 법이거든."

조용기 목사의 '목회자 세미나' 테이프 중에 이런 말이 나온다.

"남자 교인이 상담하러 올 때면 이삼 분만에 끝내서 쫓아 버리고, 예쁜 아가씨가 상담하러 올 때면 나는 시간을 오래 끌었다. 그런데 장모 최자실 목사가 눈치를 챘는지 여성과 상담하기 시작하여 3분이 지나면 옆방에 있다가 '야! 짧은 미니스커트 입고 너 젊은 목사 앞에서 뭐야? 빨리 나가!' 하고 밀어낼 때, 장모가 그렇게 미울 수 없었다. 하지만 장모가 날 지켜 주었다."

조선대학교 입사 동기들이 자축 기분으로 황금동 술집을 함께 간 적이 있다. 30여 명 중 경리과 근무 친구가 그 당시 월급에서 떼어 가지고 단체로 간 것이다. 나는 마지못해 따라갔다. 한 사람에 한 명씩 사이사이 술집 아가씨가 따라붙는다. 내 파트너도 옆에 있다. 나는 술도 마시지 못하고(서리집사 때) 앉아서 벌을 받고 있는 것이다. 밤이 깊어지고 주흥이 돌고…….

'어떻게 내가 도망갈꼬?' 도망 나오다가 첫 번 실패, 두 번째 시도하였는데 신발을 감춰 버렸다. 결국 옆방으로 끌려가다시피 하였다. 부끄럼도 없이 달려드는 술집 여자, 보디발의 아내가 거기도 있었다. 힘은 내가 더 세지 않는가? 이럴 때 남자이기에 내가 힘이 더 세서 좋았다. 뛰쳐나오니 포기하고 보내 준다. 11시 정도 되었다.

그 당시는 통행금지 시간이 12시이기에 붙잡히면 경찰서에서 고생해야 된다. 주먹을 불끈 쥐고 뛰었다. 그 당시 내 집은 오치 근처 작은 마을이다. 황금동에서 참으로 먼 거리다. 문제는 1시간 달려서 도착하기 어려운 거리다. 택시비가 없었는지 기억은 안 나는데 그 당시 난 별로 택시를 이용하지 않은 때이다. 금호초등학교 뒷산은 숲으로 우거진 곳이다. 그 다음은 논길이다. 캄캄한 밤, 산길 논길 정신없이 달려서 집에 도착하였다.

아내가 잠을 자다가 일어난다. 자초지종을 이야기했더니 "그러면 그 여자 혼자 있겠네. 자고 오제!" 내 아내는 이렇게 순박하다. 그 다음날 학교에 갔더니 30여 명이 그날 밤 그 술집에서 자고 나왔다. 지금부터 40여 년 전에도 이랬는데 요즈음의 세상 사람들 타락은 어느 정도일까? 상상할 수 없다.

목사안수 받은 해 같다. 한 여자에게서 전화가 왔는데 목소리로는 누구인지 분간하기 어렵고 꼭 만날 중요한 일이 있다고 하면서 장소와 시간을 알려 주었다. 장소는 다방이고 늦은 시간이니 좀 야릇한 생각이 들었다.

아내에게 이야기하고 함께 나가 보았더니 그녀는 진한 화장에 화사한 옷차림을 하고 앉아 있었고, 만나 보니 우리 교인이었다. 그 일이 있은 후 그녀는 우리 교회에서 떠났다.

또 편지도 보내고 선물도 보낸 여자가 있었다. 예배 끝나고 나갈 때마다 나를 향한 눈길이 심상치 않았지만 나는 거의 무표정으로 대했다. 결국 그녀는 교회를 떠났다.

"하나님, 젊은 여자를 대할 때에는 자매를 대하듯이 깨끗한 마음을 주소서."

나는 기도를 쉬지 않는다.

또한 목회자에게 물질 초월은 쉽지 않다. 당장 끼니 걱정을 해야 하고, 자녀 학비를 지출해야 하고, 질병의 위기를 당하여 당장 의료비가 필요하고, 어디로 움직이려 해도 교통비도 없는데 어찌 물질 문제에서 자유로울 수 있겠는가?

교회는 교회대로 어려워서, 교역자 사례도 못 받고, 예배당은 낡아도 수리할 여유는 없고……. 건축은 시작했지만 뒷돈 대지 못해 파산선고를 해야 할 판국이니 목회자는 물질을 초월한 성자가 되기 어렵다.

농어촌 교회들 중에 미자립 교회들이 많다. 대도시 교회들이 그들을 돕는 운동을 펼치고 있지만 그들의 아픔까지 어찌 속속들이 헤아려 주겠는가?

가난한 목회자와 함께 가난한 신자가 함께 있다. 목회자가 그들을 사랑하고 신자들도 가난한 목회자를 사랑하므로 섬기는 모습은 참으로 아름답다.

맨발의 성자 프란시스는 가난한 사람을 사랑하기 위하여 가난까지도 사랑했다고 한다. 비천함도 사랑하고, 풍부함도 사랑하는 비결을 배웠다고 고백한 사도 바울과 일맥상통하는 심정이다. 목자의 마음이 양들의 고난과 아픔을 나누겠다는 의지로 가득할 때 그 목회는 이미 성공하고 있는 것이다.

될 수 있으면 교회는 목회자 대우에 최선을 다해야 한다. 목회자 보수를 책정할 때 교회 재정 수준보다 낮게 한다면 목회자의 사기는 떨어질 것이고, 그의 마음은 편하지 못할 것이다.

타인으로부터 인정받고 싶은 것은 목회자의 경우도 마찬가지다. 그것이 목회자의 사례비 책정에서 여지없이 드러나는 것이다.

또 목회자 중에 물질적 이익을 추구하기 위하여 자기 명예를 희생하는 사람도 있다. 눈에 보이는 값싼 성공을 위해 희생을 불사하는 사람도 있다. 십자가를 질 때 물질의 십자가도 함께 지고 가야 하리라.

목회자에게 또 하나의 금물은 명예욕이 아닌가 싶다. 목회자란 세상 것 다 잊어버리고 '교회'의 영역 안에서 목양 사역에 전념하고 있는 사람인데 명예추구가 웬 말이냐고 하겠지만 목회자가 세상 욕심 없으니 명예에 관심을 가지는 것은 어쩌면 당연한 일인지도 모른다. 다만 그것이 주의 영광을 위한 것이라면 바람직한 일인데 자칫 그 선한 명분 속에 가식과 위선이 도사리고 있다면 그 명예 추구는 오히려 주님의 영광을 가리우게 될 것이기 때문이다.

"오, 하나님! 내 목회 마치는 날까지 나의 마음 붙잡아 주소서."

신학자 토마스 아퀴나스에게 "네 소원이 무엇이냐?"고 하나님께서 물으셨을 때, 그는 "주여, 저의 소원은 오직 하나님뿐입니다."라고 대답했다고 한다.

오직 하나님 자신을 소유하는 것이 소원이며 하나님께만 칭찬받겠다는 사람이야말로 참으로 깊은 곳에서 사는 사람들이다.

구속(救贖)의 역사 중심에서 하나님은 언제나 그의 택하신 종을 통하여 그의 일을 행하셨다. 그의 손에 붙잡혀 중심 무대에서 '주인공' 목회를 할 것인가, 아니면 그저 앉아 구경만 하는 '객석' 목회를 할 것인가?

목회의 자리는 차지하는 데에 있지 않고, 그 자리에서 죽어질 때 명예가 있고, 영광이 있다는 것을 주님께서 보여 주셨지 않았는가?

14
"너 왜 선교하지 않느냐?"

홍수로 예배당 가건물이 무너지다

1989년도 여름, 광주에 대홍수가 났다. 그 당시 예배당은 1987년 가을부터 사용해 온 60평짜리 가건물이었다. 비는 억수처럼 쏟아졌고 우리 교회 곁을 흐르고 있는 하천이 넘쳐 물살은 예배당 벽면을 강타했다.

내가 강대상 앞에 엎드려 기도하고 있을 때, '우르르 꽝!', 요란한 소리를 내며 지붕이 내려앉고 말았다.

강한 물살에 견디지 못한 벽이 무너지면서 지붕이 깡그리 내려앉게 된 것이었다. 다행이 다친 사람이 없는 것은 하나님의 큰 은혜였다.

총회에서 관계자들이 나와 무너진 교회 현장을 사진 찍어가고 매스컴에 기사도 나갔다. 총회에서는 수해지구 노회에 복구비를 지원하겠다고 들었으나 우리 교회는 한 푼의 도움도 없었다. 노회장과 전화 통화를 해보니 우리 교회로부터 복구지원 신청서가 들어오지 않아서 지원금이 배당되지 않았다고 했다.

'시내에서 우리 교회가 제일 큰 피해를 입었으니 알아서 해주시 겠지. 더구나 신문에도 났으니….'

수해로 무너진 교회의 모습

그래서 나는 노회에 전화도 하지 않았고, 찾아가지도 않았었는데, 그것은 나의 오산이었다. 자기 몫을 챙기는 데에 특별한 재주가 있어야 한다는 것을 배우게 되었다.

하나님, 잘못했습니다. 선교하겠습니다.

예배당이 무너지고 비는 주룩주룩 새고 그 불편함은 이만저만이 아니었다. 어린이로부터 장년에 이르는 1,000여 명 식구를 데리고 당장 이사갈 데가 없었다.

"하나님, 어떻게 합니까?"하며 기도하는데 "왜 너 선교하지 않느냐?"는 커다란 음성을 들었다.

그 무렵 우리는 어려운 몇 개 교회를 돕고 있을 뿐이었다. 1월 제직회 때 20개 교회를 돕기로 결의했지만 땅을 사느라고 빚진 돈 이자 주며 살림하자니 교회 재정에 남은 것이 없어 시행하지 못하고 미루고만 있었다.

비가 새고 있는 예배당 천장을 바라보며 내 교회 수리, 성전건축에 정신을 쏟고 있었던 나에게 하나님께서는 독자 이삭을 바치라는 것이었다.

"하나님, 잘못하였습니다. 선교하겠습니다."

하나님께 순종하여 교회 살림보다는 선교를 우선적으로 한 후부터는 여호와 이레 하나님께서 더 많이 선교할 기회를 주시고 더하여 앞으로 더욱 큰 교회로 성장하여 세계를 향해 선교할 수 있도록 기초를 다져 주는 모습을 보았다.

복다교회(국내 선교)의 기초공사를 하고 있는 인부들

하나님이 땅을 예비해 두셨다

1988년 올림픽이 끝난 후 땅값은 매일 뛰어올라 겨울이 지나고 봄이 와도 떨어질 줄 몰랐다. 어느 날 김연엽 집사가 오더니, "목사님! 좋은 땅 나왔는데 같이 샀으면 좋겠어요."라고 말하는 것이 아닌가.

이듬해 봄에, 상무시장 앞 200여 평 땅을 평당 80만 원에 계약하였고, 김 집사와 나는 각각 100평씩을 샀다. 그러던 어느 날 김 집사가 나에게 다 맡으라고 해서 그 땅을 인수하여 불시에 200평이 생긴 것이었다.

'이 땅에 예배당을 지어야지.'

사실 이 땅을 빚으로 샀는데 나의 머리는 예배당 건축으로 가득 차 있어서 빚도 무섭지 않았다. 이 땅을 산 것을 성도들에게는 알리지 않았다. 지난 여름에 362평 사면서 홍역을 한차례 겪고 나서는 나름의 지혜가 생겼고, 일단 나 혼자 일을 저지르고 사태를 관망하려고 했다.

우리 교회가 두 차례에 걸쳐 862평의 커다란 땅을 샀는데도 자연녹지로 있고 길이 없었다.

땅에 쏟아 부었던 그 많은 이자를 '천국과 지옥의 증언' 카세트테이프 판매대금으로 감당했다. 당시 카세트테이프의 판권이 나에게 있었던 것은 다 이 때를 위함이 아닌가 생각한다. 이것으로 내 개인 재산을 늘렸다면 아마도 나는 상당한 재산가가 되었을지도 모른다.

요한 웨슬레의 임종시에 식기와 숟가락이 그가 가진 전부라는 사실이 마음에 깊이 새겨져 있었다. 아내에게 우리도 웨슬레 목사처럼 평생 통장 없이 살자고 했다.

200평의 땅에 하나님께서 기적으로 역사하셨다. 자고 나면 땅값이 올라 불과 몇 달 새에 평당 80만 원이 150만 원으로 뛰어 올랐다. 마음에 가벼운 욕심이 일어났다.

'그 땅을 팔면 나는 억대의 재산가가 된다. 게다가 아무도 모르지 않는가.'

당시 교회에서 받는 나의 사례비는 월 50만원인데 땅값을 은행에 넣어 두면 사례비보다 훨씬 많은 이자 돈이 생길 것이다.

'아, 정말로 무서운 것이 돈이구나!'

하나님께 기도하면서 내 속에 일어난 조그만 욕심의 파도를 잠재웠다. 주님의 교회 건축을 위해서 드리기로 결단을 내리고 중직 회의를 소집하고 그간의 자초지종을 설명하고 나서 나는 비장한 태도로 나의 심정을 밝혔다.

"나는 여기에서 조금도 남길 생각이 없습니다. 내가 값을 치른 그대로 교회로 넘기겠습니다. 그러나 꼭 하나 잊지 마세요. 내가 선교한다 할 때 절대로 반대하지 마세요. 하나님께서 나에게 선교하라고 명령하셨습니다."

목회자가 물질에 욕심을 내지 않으면 성도들은 신뢰하고 따라 준다.

예수님의 제자 중에 가룻 유다가 있는 것처럼, 교회 안에 문제 있는 사람이 있게 마련이다. 그럼에도 불구하고, 교회 부흥과 분위기는 거의 99%가 담임목사에 의해 좌우된다는 사실이다. 양은 목자의 인도를 받기 때문이다.

아, 새 예배당, 우리의 건물!

1989년 10월, 하나님의 은혜 가운데 새 땅에 건축이 시작되었다. 건축업자에게 맡기지 않고 성도들이 직접 공사에 참여했다. 성도들의 땀과 눈물과 기도가 총동원되어 연건평 180평 예배당을 평당 40만 원대로 지었다. 이것은 기적이었다. 마침내 두 달 만에 입주하게 되었다. 60평의 가건물에서 예배를 시작한지 2년 만에 자체 교회 건물을 갖게 된 것이다.

구 교회 건축 현장 (1989. 가을)

바닥도 저렴한 시멘트 위에 페인트칠을 했다. 예배는 신령과 진정으로 드리는 것이 중요하지 무리하게 돈을 들여 예배당을 호화롭게 꾸밀 필요를 느끼지 않았기 때문이다. 그런 여유 자금이 있다면 선교하는 것이 더 시급한 일이 아닐까.

나는 새벽 6시부터 벽돌을 쌓았다. 얼마나 즐거웠는지 해가 지는 줄도 모르고 오히려 해가 짧은 것이 안타까웠다. 밤에도 일을 계속했고, 12시가 금방 돌아왔다. 12시까지 견디다 못한 성도들이 하나 둘씩 집으로 돌아가고, 몇 사람이 조금 더 하겠다고 하다가 날이 새기도 했다. 추위가 오기 전에 끝내고 속히 입주하고 싶은 마음뿐이었다.

품삯 받는 일꾼에게 시간은 잘 안 가지만, 기쁨으로 봉사하는 사람에게 시간은 강물처럼 잘도 흘러간다.

대학시절에 공부할 때에도 초저녁부터 날이 새기까지 계속했었다. 그 때부터 무슨 일을 하든지 날밤을 새우는 것이 습관이 되었다. 주일 대예배부터 그 다음날 새벽까지 거의 24시간동안 신유집회에서 귀신 쫓을 때도 있었다.

중국에 단기 선교하러 갔을 때 연속적으로 9시간 동안 설교한 적이 있었다. 또 버스 3대를 분승하여 현지 지도자들과 9시간 타고 가면서 통로에 서서 두세 시간 설교하고, 버스가 멈추면 둘째 버스로 옮겨가서 거기서 설교하고, 또 버스가 멈추면 세 번째 버스에 옮겨 타고 열변을 토했다.

오래 전에 호남신학대학교 학생 신앙수련회에서는, 저녁 8시에 시작하여 새벽 한두 시까지 계속 설교한 적도 있었다.

엘리야에게 하나님을 향한 특심이 있었고, 엘리사도 엘리야를 끝까지 따른 열심의 사람이었다. 바울의 열심은 온 천하를 소동케 하였고 염병에 걸렸다는 말까지 들었다. 베드로도 자청하여 십자가에 거꾸로 달린 열심의 사람이었다.

"하나님의 사람들이여, 하나님의 열심으로 일어서자!"

기적의 총동원 전도주일

180평의 새예배당으로 이사하고 바로 1990년 새해가 왔다. 그 해는 신바람 나는 목회전성기를 맞이했다.

구 교회

5월 13일에 총동원 전도주일로 지켰는데 그 날 1,500명이 회집했고 박영문 장로의 '천국과 지옥' 간증이 큰 은혜를 끼쳤다.

그 날 절반은 다른 교회에서 와서 참석했으나 750여 명의 새신자 중에서 200여 명이 정착했으니 대성공이었다. 그리하여 6월 첫 번째 주일에는 50구역을 100구역으로 나누게 되었고 부구역장이 구역장으로 진급되었다.

그 당시 부구역장 중에 20여 명은 서리집사가 아닌 권찰이었는데 권찰로서 연말까지 구역장 책임을 맡았다. 그 해 일 년은 배가 성장을 이루었으니 나의 목회 생애에서 그 때의 감격과 기쁨을 어찌 잊을 수 있으랴!

나는 밤낮으로 열심히 뛰었다. 저녁 심방을 마치고 교회에서 2킬로 떨어진 집에 들르지 않고 곧바로 교회로 오면 저녁 10시경이 된다. 수돗물에 발 씻고 벗은 양말로 발 닦고 구두를 끌면서 강단으로 올라가 밤새워 기도하는 생활이 계속 이어졌다.

집에서 교회로 출발할 때도 있는데, 10시나 11시경에 집을 나설 때는 "나는 가리…, 주의 길을 가리…"라는 찬송을 부른다.

교회 개척하기 전에 철야기도 할 때 주로 불렀던 찬송은 "주여 나의 정성 나의 맘을 드립니다. 이 작은 나의 정성…, 주님만을 위하여 살기 원하오니 주여 잡아 주소서…."였다.

오! 하나님께 받은 은혜가 너무 큽니다.
나의 **뼈**를 강단에 묻게 하소서!
주님의 뜻을 깨닫는 교회 되게 하시고,
우리 교회를 선교에 동원시켜 주소서.

15
늦둥이 아들 은총이

나는 셋째 딸을 낳고 이름을 야당 당수의 이름을 따서 '박순천'으로 지은 것은, "네가 아들 노릇을 하여라"는 뜻이었다.

교회 개척하기 전에 딸 셋을 이미 낳았는데 주의 종의 길을 가려고 생각하니 셋도 많았다. 목회의 길을 갈 줄 알았더라면 셋이나 낳지 않았을 텐데, 하고 후회한 적도 있었다. 그러나 딸들은 순탄하게 잘 자라 주었다.

막내 딸 순천이 중학교 3학년이었을 때, 당시 아들 없는 부모님의 생각을 알았는지 이런 말을 하는 것이었다.

"아빠 엄마를 위해서 나는 시집 안 가고 함께 살겠어요. 하지만 엄마 아빠 돌아가시고 나면 그 때 나 혼자 어떡하지?"

그 말을 듣는 순간 나는 눈물이 핑 돌았다. 딸애들이 장성하여 제각기 자기 시간들을 갖게 된 후의 아들 없는 허전함이 느껴지기 시작했다.

'나에게 아들이 있다면 얼마나 좋을까?'

나는 막연한 소원을 가지고 있었지만 감히 하나님께 구하지는 않았다. 또 아들이 없음으로 공연한 자격지심이 생기는 경우는 결혼주례할 때이다. 아들도 못 낳는 주제에 신랑신부 아들 딸 잘 낳고 행복하게 살라고 축복할 자격이 있는가 의심스러웠다.

나의 중심과 폐부를 살피시는 하나님께서 이런 저런 사정을 다 알고 계셨다. 아들 낳고 싶은 소원은 나보다는 아내가 더 불타고 있었다. 그러면 나는 한마디로 잘라 버리고 말았다.

"안돼요. 임신하고 아이 키우다가 기도생활 못하고 주님의 일에 더 소홀하게 되면 어쩌려고?"

목사님, 둘이에요.

여느 때처럼 철야하면서 강단에서 기도하다 잠시 잠이 들었는데, 꿈속에서 "목사님, 둘이에요"하는 음성이 들리고 갓난 아이 둘이 보였다. 간혹 하나님이 나를 부르실 때에는 "영우야!"하시는데, "목사님!"하고 부른 것으로 보아 천사가 불렀다고 여겨진다.

새벽기도회 마치고 나는 그 꿈 생각을 계속하고 있었다.

'하나님께서 나에게 자녀를 주시려는가?'

"아 하나님, 저는 늦었어요." 하고 마음으로 말할 때, 그 순간 세미한 음성이 들려 왔다.

"너 오늘 아침 새벽에 뭐라고 설교하였느냐?"

"예. 순종이 제사보다 낫다고 설교했습니다."

"바로 그것이다. 네가 아들을 낳지 않고 나를 섬기겠다는 그것을 너의 제사로 여기지만 나의 뜻을 따르는 순종이 더 중요하지 않느냐?"

그래도 순종하지 않으니까 하나님께서 세 번째로 중학교 모자를 쓴 남자아이를 보여 주셨다.

"하나님, 이제 순종하겠습니다."

내 나이 43세 때의 일이었다. 아내가 임신한지 7~8개월이 되도록 성도들은 눈치를 채지 못했다. 하지만 기도를 깊이 하는 몇 분의 성도들은 이미 알고 있었던 것 같았다. 수요일 낮 11시에 드리는 수요 1부 예배에는 주로 여성들만 나오는데 설교할 때, "목사님 둘이에요! 어린아이 보여주셨어요. 들을 귀 있는 자는 들을지어다."고 하였더니 성도들이 와! 웃었다.

하나님의 은혜로 1994년 4월 2일 새벽 0시 30분에 아들을 낳았다. 그 아이가 은총이다. 아이는 이름 그대로 하나님의 은총으로 건강하게 잘 자랐다. 이제 은총이 없이는 못 살 것 같다. 부모와 자식에 대한 사랑이 이런 것인가? 사택으로 식사하러 갈 때마다 얼른 은총이를 보고 싶어 마음이 설렐 정도였다. 하나님의 선물로서 세 번이나 계시하며 명령으로 주신 아들이기에 더욱 지혜로운 것을 보고 하나님께 감사드린다.

지혜의 아들, 감성의 아들

한번은 아내가 아이와 함께 양동시장에 갔다가 그만 아이를 잃어 버렸다. 눈앞이 캄캄했다는 표현은 맞는 말일 것이다. 복잡한 시장 의 인파 사이로 엄마와 아이는 서로 찾아 헤매었다.

"은총아!"

아무리 목메어 불러도 대답이 없고 찾을 길이 없었다. 경찰서에 신고하고 나서 주차한 곳으로 왔는데 그 곳에 은총이가 앉아 울고 있는 것이 아닌가? 울면서 잃어버린 엄마를 찾아 헤매고 다닐 나이 인데 처음에 주차한 자리로 찾아왔던 것이다. 은총이 말에 의하면, 차에 있으면 언젠가는 엄마가 그리로 올 것이라는 것을 알고 있었 다고 한다. 지혜의 아들을 주신 하나님께 감사드린다.

은총이가 다섯 살쯤이었을 때, 몸이 뚱뚱한 편인 안영주 권사를 무척 따랐다. 이종순 권사가 "안영주 엄마 뚱뚱하니까 놀지 마라" 고 하니까, 은총이는 이 권사를 때리는 시늉을 하면서 이렇게 말하 더라는 것이다.

"안영주 엄마는 낭만적이야!"

낭만적이라는 단어를 어디서 배웠을까? 감성이 풍성한 아이로 자라날 기미가 엿보인다. 참으로 하나님의 작품은 정말 아름답다.

네다섯 안팎의 아이들은 밥맛을 잃고 밥을 잘 안 먹으려고 하는 데 은총이도 예외는 아니었다. 달래서도 먹이고, 어떤 때는 한 대

때리면서 먹이기도 한다.

"은총아! 엄마가 늙어서 밥을 못 먹으면 네가 억지로라도 네 엄마 밥 먹여라!"

그때 은총이는 자기도 얻어맞으며 먹었던 것을 생각하고는 "이렇게 때리면서?"하며 엄마를 한방에 '케이오(KO)'시켰다.

그 무렵 어느 날 나는 은총이가 아버지 하는 일에 관하여 얼마나 이해하고 있는가를 알고 싶어 물어 보았다.

"은총아, 목사가 하는 일이 무엇이지?"

"말씀, 기도, 찬송, 손님 집 찾아가기(심방), 아빠 방에서 노는 것(공부)…."

"예배가 무엇이지?"

"말씀, 기도, 찬송, 예수 생명 전하는 것."

예수 생명 전한다는 말을 어떻게 할 수 있을까? 누가 나에게 전해 주었다면 믿기 어려웠을 것이다.

그가 일곱 살이 되었을 때 어떤 대답이 나올까 궁금하여 다시 한번 물었다.

"은총아! 목사가 하는 일이 무엇이지?"

"말씀 전해서 믿게 해 가지고 다 천국 가게 하는 것."

이제 제법 논리적이다. 이런 지혜를 주신 하나님께 감사드린다.

나의 아들을 통하여 십자가의 사랑을 본다

한번은 은총이가 죽는다고 소리를 지르고 있었다. 정신박약아로 자랐던 청년이 은총이를 마구 때린 것이었다. 사연인즉, 은총이와 어떤 내기를 하고 은총이가 고추를 보여주지 않는다고 20살 청년과 7살 아이와 복싱이 벌어진 것이다.

나는 청년에게 "어린 은총이를 그렇게 때리면 되겠느냐?"하고 말로 주의를 주었다. 또 한 번은 정신력이 약간 부족한 아이가 돌멩이로 은총이 가슴을 때린 적이 있다. 내가 돌멩이에 맞은 것처럼 마음이 아팠다.

'아, 사랑하는 독생자가 십자가에 못 박혀 죽을 때 아버지 하나님의 마음이 어떠했을까?'

어떤 때는 은총이를 하루 동안 한 번도 못 보고 지낼 때도 있었다. 그럴 때는 가만히 선교원에 가서 아이를 만나 본다. 이 기쁨, 이 사랑의 행복을 주신 하나님께 감사드린다. 은총이를 5분만 껴안고 있으면 모든 시름이 사라진다. 은총이가 인상을 쓰며 우는 모습도 예쁘다. 내가 은총이를 사랑하면서 하나님의 사랑이 무엇인지 조금 알 것 같다. 불가항력적인 은총! 독생자의 피를 흘려주신 사랑, 그 피의 사랑이 나를 용서하시고 지금의 나로 만드셨고 그 사랑의 은혜로 내가 살고 있다. 오, 하나님의 사랑과 은혜, 만 입이 있어도 다 감사드릴 수 없나이다.

16

부름받은 군사,
그리고 아내와 자녀들

아내 없는 목회는 상상할 수 없었다. 오랫동안 아내는 교회 승합차 기사가 되어, 새벽기도회에 성도들을 수송하고 함께 심방하고, 함께 철야기도를 했다. 간혹 성도와 아내 사이에 갈등이 생길 때면 나는 언제나 성도 편에 섰다.

나는 아내의 말을 잘 안 듣는 편이다. 또 교회에서 생기는 일을 꼬치꼬치 이야기 해 주지 않아서 교회에서 되어지고 있는 일을 사모가 맨 나중에 알게 되는 경우가 흔하다.

나는 교회에서 기분 상하는 일이 있으면 가정에 돌아와서 일체 말을 하지 않는다. 그러나 아내는 나의 표정을 잘 읽고 있어서 "무슨 일이 생겼어요?" 하고 계속 묻는다.

"알 필요 없어요. 그걸 설명하자면 내가 기분을 상하게 되니 묻지 말아요."

"아픔을 나누면 줄어든다고 하잖아요."

"그래도 알 필요 없어요."

아내와의 동역 목회

어느 여전도사에게서 목사 사모 때문에 스트레스를 더 받는다는 얘기를 들었다. 일반적으로 여전도사는 스트레스를 많이 받는다. 교인들 눈치, 장로 눈치, 담임목사 눈치를 받아야 하는데 거기에 목사 사모의 눈치까지 받으면 견딜 수 없다고 한다. 그런데 우리 교회에서는 사모가 멀리 있어서 좋다고 한다.

나의 아내는 나의 생활에 간섭하려 들지 않는 점이 좋다. 그리고 교회 봉사에서 팔짱 끼고 서 있는 사람이 아니다.

개척하고 한두 해 되었을 무렵, 크리스마스 행사 때 떡국 먹고 나면 그 많은 그릇 설거지는 아내 차지였다. 어떤 여집사가 도와주다가 다른 사람이 불러내어 데리고 나가 버렸다.

개척교회 시절에 사모는 대접은커녕 오히려 무시당하기 일쑤다. 한번은 사택 문을 잠가 두고 어디를 잠간 다녀온 틈에 어느 여집사가 찾아왔다가 문이 잠겨 있어서 헛걸음치고 돌아간 후 나중에 만났을 때, "사택을 잠그고 다니면 어떻게 해요?"라고 핀잔을 주었는데 우리 부부는 아무 대꾸도 못했다.

교인들의 수가 적을수록 목회자의 권위는 없고 그들의 종이 된다. 아무리 사모가 잘 하려고 애써도 교인들 사이에서 불평이 나오기 마련이다. 그럴 때 아내를 위로하지 못하고 오히려 마음 상하게 했을 때가 제일 미안하다.

나의 마음은 온통 교회로 가득 차 있어서 다른 것을 생각할 여유의 자리가 없다. 나의 선택은 오직 하나, 나의 생명 같은 은총이와 교회 중 어느 편을 선택하겠느냐고 한다면 그 선택 또한 명백하다.

나는 거의 24시간 동안 교회 안에서 지낸다. 당회장실 옆에 꾸며 놓은 방이 나의 집이고 안식처이다.

시간마다 스케줄은 빈틈없이 짜여져 있다. 주일, 수요, 금요 저녁 공식예배는 물론이고 요즘에는 교회 본질 회복을 위한 매일 3번 예배 등 한 주간에 20~30번의 설교로 개인을 위한 시간은 거의 없다.

이제 내 나이가 60살을 훌쩍 뛰어넘었다. 그럼에도 불구하고 매일 밤 12시부터 5시까지 기도하고 이어 새벽예배까지 인도했다. 몸에 무리가 온다. 이제 매일 밤 철야기도를 감당하기에는 내 몸이 따라주지 않는다.

한 성도님이 나의 건강을 염려하여 오래도록 계속 기도할 수 있는 방법을 가르쳐 주었다. 우리 몸은 밤 12시부터 새벽 2시까지는 쉬게 해야 하니 수면을 취해야 한다고….

그래서 요즘 들어 밤 10시에 수면을 취하려고 애쓴다. 10시경 자면 하나님께서 1~2시에 깨워 주신대로 기도한다.

하지만 나는 기도를 멈출 수가 없다. 폭풍 속에서도 살아남을 구명줄이 곧 기도이기 때문이다. 연약함이 나의 강함이 되도록 나의 기도를 통해 주님이 역사하시기 때문이다.

"저에게 100만 개 교회를 주소서!"

내가 기도를 멈출 수 없는 것은 주님께서 이를 위해 연약한 나에게 기도를 시키시기 때문이다. 얼마나 큰 은혜인가? 인간으로서는 상상할 수 없는 비전을 보여주신 주님, 이를 성취케 하도록 기도의 특권을 허락하신 주님, "하나님께서 이 모든 것을 허락 하셨더라"는 야벳의 기도가 응답될 때까지 나의 기도의 대하(大河)는 도도히 흘러내릴 것이라고 믿는다.

하나님은 나의 중심을 아신다. 하나님께서 건강을 주셔야 주의 일을 계속할 수 있다.

17
교회성장의 원리
"물결 위를 걸읍시다"

교회 재정 60%를 선교에

전주 안디옥교회 이동휘 목사의 선교정책에 관하여 듣고 나는 줄곧 교회의 선교적 사명을 생각해 왔다.

땅 끝까지, 모든 족속에게 복음의 증인이 되라는 주님의 지상명령에 순종하여 이동휘 목사는 예배당 건축을 하지 않고 콘서트 막사에서 예배드리면서 교회재정의 60% 이상을 선교에 사용하고 있다고 한다.

나는 우리 교회를 더 한층 선교 구조로 든든히 세워야 하겠다는 비장한 결심을 하기에 이르렀다. 선교는 주님의 절대절명의 명령이니 그 명령에 우선적으로 복종하지 않고, 다른 부분에만 정신을 쏟고 있는 것은 우리가 주님의 긴급한 뜻은 내팽개치고 주변에만 맴

돌고 있다고 생각했기 때문이었다.

"백 집사님, 내년부터 우리 교회 재정의 60%를 선교합시다."

1990년 가을쯤이었다.

나는 회계를 맡고 있는 백연수 집사에게 선언적인 말을 터트렸다.

"목사님, 안돼요. 지금은 어렵습니다."

"집사님, 물결 위를 걸읍시다."

빚은 빚대로 두고, 이자는 이자대로 두고 재정의 60%를 선교하자는 목사를 정상적인 사람으로 생각했겠는가?

내 앞에서는 더 이상 말은 못하고 저쪽 전도사들이 모여 있는 곳에 가서 "목사님이 교회재정 60%를 선교하자고 해서 나는 '안 됩니다.'고 했더니 '물결 위를 걸읍시다.' 하시는데 공중 위를 걸어도 안 돼!"라고 하더란다.

내가 물결 위를 걷자는 것은, 제자들이 바다 한가운데서 풍랑 만나 고난당하고 있을 때, 주님께서 바다 위로 걸어오셔서 베드로의 요청대로 "오라"고 하셨을 때 베드로가 믿음으로 물 위를 걸었던 말씀을 상기하면서, 우리도 능히 물 위를 걷는 기적의 주인공이 될 수 있다는 말이었다.

더구나 그 무렵 우리 교회에서는 '할 수 있다 하신 이는'이라는 찬양을 많이 부르고 있었다.

순종에 2등 하라면 서러워할 백 집사가 "안돼요!"라고 한 것은 사실 자연스러운 말이었다. 교회 건축으로 빚을 많이 지고 있어 이자 지불에 어려움을 겪고 있으면서 농어촌의 60개 교회를 지원하고 있었고, 또 해외 선교비까지 지출이 만만치 않았다. 매월 700만 원 나오는 헌금으로 교회 살림을 하자니 회계집사의 마음이 얼마나 무거웠겠는가.

"목사님, 3배의 헌금이 나왔어요."

결국 새해부터는 재정의 60%를 선교하기로 결정했다.

'매달 헌금이 최소한 1,500만 원은 나와야 할텐데…. 그래서 600만 원으로 교회 살림하고 900만 원으로 선교해야 60%인데….'

1월 말에, 나는 두근거리는 마음을 진정하고 회계집사에게 전화를 걸었다.

"집사님, 이 달에 1,500만 원은 나왔겠지요?"

"목사님, 놀라지 마세요. 이 달에 2,140만 원이 나왔습니다. 세 배에요."

우리가 선교에 순종하니까 하나님께서는 한 달 새에 헌금을 세 배로 증가시켜 주셨다. 참으로 좋으신 하나님, '할 수 있다 하신 이'는 할 수 있음을 우리에게 보여 주셨다.

하나님이 제일 기뻐하시는 것은 순종인데 하나님의 으뜸의 뜻이 선교였으므로 우리가 하나님의 심정을 알고 선교부터 하니까 하나님께서 기뻐하여 복을 내려 주신 것이다. 그 달에는 보너스로 일천만 원 특별헌금까지 주셨다.

2월이 되었을 때, 1월의 기적을 보았음에도 불구하고 조금은 불안한 생각이 들었다. 2월에는 구정과 보름이 끼어 있었기 때문이었다.

"집사님, 이 달에는 얼마나 나왔어요?"

"목사님, 이 달에는 2,200만 원입니다."

한번 올라갔던 액수는 떨어질 줄 몰랐다. 3월에는 2,400만 원, 이어 계속해서 그 이상을 유지했고, 6월에는 3,000만 원이었다.

우리는 해내고야 말았다. 물결 위를 걸었을 뿐만 아니라 공중 위에까지 걸었다.

> "주라 그리하면 너희에게 줄 것이니 곧 후히 되어 누르고 흔들어 넘치
> 도록 하여 너희에게 안겨 주리라 너희의 헤아리는 그 헤아림으로 너
> 희도 헤아림을 도로 받을 것이니라." (눅 6:38).

신자들은 왜 이 말씀을 믿지 못하는 것일까? 아무리 작은 겨자씨 믿음이라도 심어야 싹이 나고 열매를 기대할 수 있지 않겠는가?

하나님의 방법은 우리 인간이 헤아릴 수 없다. "주라" 하시면 드리면 되고, "심으라"고 하면 심어 우리가 순종할 때 넘치도록 풍성하게 주신다고 하신 이는 하나님이시다.

산술 계산에 능하여 손해와 이익을 따져 보는 빌립이 되지 말고,

주님께 갖다 드리면 주님께서 알아서 처리할 것을 믿는 단순한 안드레가 되었으면 좋겠다.

주님은 안드레의 순진한 믿음을 받으시고 축사하실 때 5천배로 되돌려 주셨다. 사렙다 여인에게 내렸던 기적은 빈 항아리와 빈 통에서 시작되었다. 거기에 밀가루와 기름을 끊이지 않게 채워 주시는 하나님이셨다.

교회가 선교구조로 바뀌어지고 나서 채워진 복들을 여기에 다 기록할 수 없다. 하나님께서는 선교하는 교회를 더 광범위하게, 더 효과적으로 세계를 향하여 뻗어 나가도록 하시려고 교회를 성장시키셨다.

교회 성장의 원리는 바로 여기에 있었다. 선교하면 흥왕하고, 더해 가고, 퍼져 가는 사도행전 적 교회가 되는 것이다.

성도 개인의 축복과 더불어 교회 성장에 불타는 소원이 있다면 먼저 주님의 불타는 소원, 즉 땅 끝까지 선교하라는 부분에 엎드려야 한다.

이것이 바로 성경적인 원칙이다. 그렇다면, 교회가 빚을 지고 있어도 선교해야 하고, 교역자의 사례비를 못 드려도 선교해야 하고, 성전 건축을 하지 못한다고 하더라도 선교해야 한다.

교회 땅 사니까 선교 못하고, 땅을 사고 난 후에는 건축해야 하니까 못하고, 건축한 후에는 교육관 지으니까 못하고, 교육관 지은 후에는 수양관 지으니까 못하고, 수양관 지은 후에는 교회 묘지 구입해야 하니까 못하고, 묘지 구입 후에는 이 세상 떠나니까 못하고…….

주님 앞에 가서는 "주님, 이런 일들에 너무 바빠 선교할 틈이 없었습니다."라고 말씀드리면 주님께서 "수고하고 애썼다."라고 과연 칭찬해 주실까?

18
내가 죽으면 교회가 산다

집사님이 왜 이런 거짓말을?

나의 목회에 위기가 왔다. 전에 두 차례에 걸쳐 샀던 교회 대지 800여 평에 더하여 5년 후 다시 두 차례에 걸쳐 500여 평을 사고 전체 대지 1,300평을 확보했지만 길이 없다는 이유로 건축허가가 나오지 않았다. 길을 내기 위해 땅을 샀지만 그 중간에 있는 작은 땅을 주인이 팔지 않아 연결이 안 되었던 것이다.

그 때까지 사용하던 180평의 예배당은 포화상태였다. 비좁은 예배당에서 성도 재적 이천 명이 넘어서고 4부로 예배를 드리고 주차장도 부족했다. 더욱 서둘러야 하는 것은 금호지구 아파트 이만 세대의 입주가 일 년 앞으로 다가왔기 때문이었다. 우리는 교회 근처에 황금 어장이 들어설 것이라는 꿈에 부풀어 있었다.

뜻이 있는 곳에 길이 있었다. 앞 큰길에 물린 1,100평의 땅을 더 사면 길을 낼 수 있다는 것이다. 지금까지 우리 교회는 대지구입을 위해 온 힘을 다 쏟았으므로 여력이 없었으나 이 땅을 확보해야 예배당을 지을 수 있다면 믿음으로 시작해 볼만했다.

어려움을 무릅쓰고라도 중도금까지는 치를 수는 있다는 확신이 섰다. 그러나 잔금을 치르기에는 역부족이었다. 그렇지만 신용금고에 그 땅을 담보하여 대부를 받으면 잔금을 치르기에는 문제가 없을 것이다. 하지만 신용금고에 돈을 다 갚기 전에는 그 땅에 건물을 세울 수 없다는 것은 상식적인 일이었다.

그렇다면 한 가지 가능한 일이 있었다. 만일에 신용금고 측에서 그 땅에 건축하도록 승낙만 해준다면 문제는 쉽게 풀릴 수 있었다.

"그 땅이 금고에 담보로 잡혀 있어도, 예배당 건축에 사용하도록 승낙하겠느냐?"

땅을 사기 전의 선결 문제는 바로 이것이었다. 당시에 그 일을 맡아 추진하는 두세 사람이 있었고, 그 중에 금고의 직원을 잘 아는 집사를 통하여 가능성을 타진해 보았다.

금고 측에서 처음에는 안 된다고 하다가 잘 설득한 후에는 가능하다는 답을 얻었다고 전해 주는 집사의 말을 믿고 우리는 그 땅을 계약하게 되었다.

그리하여 비록 빚을 엄청나게 지기는 했으나 1994년 말까지 우리 교회가 확보한 대지는 총 2,400평이 되었고, 우리 교회의 교세에 맞추어 건축을 시작할 수 있게 되었다고 기뻐했다.

설계를 마치고 금고 측에 사용승낙서를 받으러 갔는데 '승낙불가'라고 했다. 하늘이 무너지는 것 같은 순간이었다. 금고에 이 땅이 저당 잡혀도 그 땅에 건축하도록 승낙하겠다는 말을 믿고 이 땅을 사게 되었는데, 건축할 수도 없는 땅을 무엇 때문에 비싼 이자 물어 가며 사겠는가?

문제는 심각했다. 우리가 물어야 할 원금과 이자는 천문학적인 금액이었다. 우리 교회는 존폐의 기로에 서게 되었다. 우리는 금고 측에 왜 말을 뒤집느냐고 항의했다.

"우리가 언제 승낙해 준다고 말했습니까?"

금고 측에서는 가당치 않는 말이라고 일축했다.

"뭐요? 우리 집사님이 분명히 그렇게 말했습니다."

"하지만 우리는 그런 약속을 한 적이 없습니다."

누구의 말이 옳은가? 아니면 누가 거짓말을 하는 것일까? 책임의 소재를 따지지 않으면 안 될 사태에 이르러 결국 삼자대면을 하게 되었다. 우리측 집사는 말을 잇지 못했다.

"그런데 집사님이 왜 이런 거짓말을?"

그 집사는 그 금고의 부장과 잘 알고 있는 사이니 나중에라도 사정하면 안 들어주겠느냐고 단순하게 생각했다고 한다. 그는 큰일을 저지르고 말았다.

건축을 진행할 수도 없고 땅을 팔려고 해도 살 임자가 나서지 않고, 문자 그대로 진퇴양난이었다. 금고에서 빌린 돈을 갚기까지 우리는 예배당을 지을 수 없었다.

이자는 눈덩이처럼 불어나고 교회는 이자 갚을 기력마저 상실하여 비틀거리는 반면 금호지구 아파트는 기세 좋게 올라가고 있었다.

이리궁리 저리궁리 해 보았지만 실마리는 풀리지 않았다. 또 그 집사의 잘못으로 일이 틀어졌다고 소문이 난다면, 교회는 시끄러워질 터이고 그는 더 이상 교회에도 나오지 못할 것이므로 나는 이 문제에 대하여 함구하기로 결심했다. 다만 교회 앞에서는 자연녹지로서 건축 허가는 불과 20%밖에 나오지 못하므로 더 큰 땅이 있어야 한다는 정도로 설명할 수밖에 없었다.

나는 깊은 수렁에 빠졌다

넉 달 분의 이자가 밀리니 금고 측에서는 어떤 조취를 취하겠다고 했다. 교회 건축위원회를 소집해도 잘 모여 주지 않았다. 사태는 심상치 않게 전개되고 교회 분위기는 어수선해졌다.

'아, 내가 수렁에 빠졌구나.'

애써 모험을 감행하지 않아도 탄탄하게 성장할 교회가 잠깐 방심한 사이에 그만 수렁에 빠지고 만 것이다.

고등학교 시절, 어두운 밤길에 동명동 교도소 근처 문화방송 안테나가 서 있는 주변을 지날 때 발을 헛디뎌 내 발이 똥통 수렁에 빠졌던 기억이 불현듯 났다. 그 수렁이 깊어 밑에 받침대가 없거나 주위에 붙들 것이 없으면 목이 넘어가고 얼굴까지 쑥 들어가면 끝장이 아닌가?

바로 그 지독한 오물 수렁에 지금 내가 빠져들고 있었다.

"여호와는 나의 반석이시라. 나의 요새시오, 구원의 뿔이라."

수렁 속에 빠진 사람만이 받침 되어 줄 반석과 붙잡을 뿔의 고마움을 안다.

현실은 매섭고 각박한 것, 특히 금전 관계에서는 더욱 그렇다. 금고 이자를 늦게 갚으면 연체가 붙고 그 이자는 눈덩이처럼 커져 간다. 이자를 갚지 못하면 금고측에서는 공매로 넘기게 되고, 우리는 두 손 들 수밖에 없다.

'이 일을 어떻게 하면 좋은가?'

공장이라도 물건을 계속 만들면 되지만 교회는 한번 시험에 들면 성도들이 썰물처럼 떠나갈 수 있다. 눈물과 피와 땀으로 이룬 교회, 발 한번 편하게 펴고 자 본 적 없고, 그 추운 겨울에도 밤마다 강단에서 기도했는데…….

이자 지불하는 일에 정신 쏟다가 금세 일 년이 지났고, 금호지구 아파트는 완공되어 입주를 끝냈다. 나는 천문학적 숫자의 빚더미에 짓눌려 죽을 것만 같았다.

사생결단의 위기 : "기도만이 능력이라 하시네"

당시 2400평 땅값에 부채의 이자를 이자 돈 내어서 갚는 상황, 글자 그대로 눈덩이었다.

"아, 하나님, 나를 살려 주세요."

나는 엘리야처럼 "하나님, 나의 생명을 거두어 주시옵소서."라고 기도하지 않고 살려 달라고 기도했다. 나는 극도의 실의와 좌절 가운데서 정신을 잃지 않으려고 애썼다.

내 주님이 지신 십자가는 그냥 상처가 아니었고 생명을 내놓는 것인데, 나도 주님의 십자가를 지려면 나의 생명을 내놓아야만 했다.

"아생교회사(我生敎會死), 아사교회생(我死敎會生)

— 내가 살면 교회는 죽고, 내가 죽으면 교회가 산다"

생명을 건 기도로 들어가면서. "극도의 위기는 곧 하나님의 기회"라는 말을 되뇌었다.

기도하다가 마음에 세 가지 방법이 떠올라 교회 앞에 발표했다. 한 마디로 비상체제를 선언한 것이었다.

바로 1996년 봄이었다. 건축위원회, 제직회 등 당분간 일체 회의를 소집하지 않기로 하고, 우리가 할 일 3가지를 선포하였다.

첫째, 매일 12시에 철야예배에 참석하고 함께 밤새우며 하나님께 기도합시다.

둘째, 매달 첫째 주간 한 주간은 내가 신유집회를 하겠습니다. 주위 모든 환자를 데려 오세요.

셋째, 신유집회 때에는 꼭 한 명씩 전도해 오세요.

그 때부터 건축헌금 설교도 하지 않았고 대표 기도자에게도 건축에 관해서는 일체 언급하지 말라고 했다. 예배드리러 왔다가 건축 생각하면 마음에 부담을 느끼게 되고 영적으로 손해라고 여겨졌기 때문이다.

성도들은 전연 부담 갖지 않고 편안하게 교회생활을 하고, 떠나지만 말고 머물러 주었으면 하는 심정이었다. 재정 문제는 하나님과 나와 씨름할 테니까…….

신유집회 날짜를 정하고 기도원에 갔다. 신유집회를 공개적으로 하겠다고 이미 광고를 했으므로 개인적으로 한 사람에게 기도하는 경우와는 달랐다. 만일 공개적으로 기도하여 낫지 않으면 오히려 교회는 더 시험에 깊이 들 수 있기 때문이다.

신유집회, 이것은 나의 생명을 걸고 치는 배수진(背水陣)이었다. 여기서 내가 무너지면 일어설 수 없다는 결사각오였다.

나는 삼 일을 금식하며 하나님께 매달렸다. 거대한 골리앗이라는 빚더미 앞에 만군의 여호와 하나님의 이름으로 골리앗을 한 순간에 꺾어버릴 능력의 물맷돌이 필요했다.

"귀신아, 나가라! 질병아, 떠나가라! 하나님의 살아 계심을 보이리라."

나에게 예수의 그 능력의 이름이 필요했다.

금식을 마쳤을 때 하나님께서 꿈을 통하여 지붕이 무너져 내려앉은 상황에서 무엇이 밑에서 받쳐 주는 모습을 보여 주셨다. 하나님께서 위기에 직접 개입하신다는 것이었다.

4월 신유집회, 하나님이 나와 함께 계셔 주셨다. 하나님이 희한한 병들을 고쳐 주셨다. 소아마비로 자라지 못한 뼈가 길어지는 사람이 있었고 암까지 나았다.

스무 명의 디스크 환자를 앞으로 나오라고 해서 줄 세우고 안수하면서 "나아라, 나아!"라고 큰소리로 외쳤을 때 기적적으로 나았다.

이삼백 명의 환자들이 한꺼번에 줄을 서서 기다리는데 밤 열한 시, 열두 시까지 진땀을 빼며 안수했다. 그 달에 있었던 삼사일 간의 부흥집회에서 백여 명의 결신자가 생겨났다. 이처럼 하나님께서 무너져 내리고 있는 교회를 받쳐 주는 증거를 여기저기서 보여 주셨다.

5월 첫째 주일에도, 신유집회를 위해서 준비기도로 3일간을 금식했다. 소문이 퍼져 나갔고, 많은 환자들은 밀려오기 시작했다. 하나님의 크신 역사로 병이 나았다. 소문 듣고 80살이 넘은 할머니는 시력을 회복할 수 있냐며 찾아오기도 했다.

신유는 하나님이 하시는 일이니 환자가 치료받기 위해서는 첫째로 회개하고, 둘째로 성령 받아야만 한다. 또 환자가 방언을 체험하면 고치기 쉬워진다.

6월 신유집회에서는 5가지 합병증에 시달리며 인생을 포기했던 윤건남이 병을 고침 받았다. 지금은 주의 종의 길을 가고 있는 그의 간증을 여기에 실어 하나님께 영광을 돌리려 한다.

　나는 사업 실패로, 좌절과 실의에 빠진 삶을 살다가, 고혈압·당뇨병·하혈성 심장질환 등으로 8년 동안 고통하며 살았고, 게다가 망막 염증으로 눈은 실명의 위기에 처하였으며, 1993년 여름에는 뇌졸중으로 쓰러져, 병원에서도 손을 쓸 수 없게 되어 집으로 돌아와 오직 죽음만 기다리는 비참한 존재였습니다.
　더구나 영적으로는 하나님을 알지 못하고 불신과 죄악으로 인하여 지옥 불에 들어갈 운명에 처해 있었습니다. 이런 절망의 순간에 하나님께서 어떻게 저를 찾아와 만나 주시고, 회복의 은혜를 주셨는가를 간증하고자 합니다.
　나는 평양에서 태어나 6·25 사변 중에 피난 나와 어릴 때 배고픈 설움을 많이 겪어 청년시절의 꿈은 돈 많이 벌어 부자가 되는 것이었습니다.
　결혼하고 광주에서 살면서 아내를 교회에 보낸 것은 사람을 많이 알고 나의 장사에 도움이 되고 싶었기 때문입니다. 나는 성실하게 일하여 주인에게 신용도 얻고 월급도 올라가고 저축하여 몇 년 후에는 자영으로 지업사를 차렸고, 그 후 장식 백화점으로, 대리점으로 사업이 확장되어 다섯 대의 차량을 소유하고 직원도 아홉 명이나 되었습니다.

나는 자수성가했다고 큰소리쳤습니다. 모든 것이 내 중심으로 잘 되어 나갔습니다. 그런데 한 가지 내 마음대로 안 되는 것이 있었는데 그것은 아내의 믿음생활을 포기시키지 못한 것이었습니다. 아내는 나에게 예수를 믿고 하나님의 뜻대로 사는 것이 인생의 목적이라며 나에게 회개하고 예수를 영접해야 한다고 했습니다.

아내는 남편의 내조자인데 그 임무에 소홀하고 주일과 수요일 저녁에 교회에 가 있는 아내를 용납할 수 없었습니다. 돈이 쓸데없이 나가는 것을 막아야 부자가 될 수 있는데 아내는 십일조를 교회에 갖다 주니 나는 분통이 터질 지경이었습니다.

사실 아내는 알뜰히 살림하면서 사치도 안하고, 아이들 잘 교육시키며, 다른 여자들처럼 춤바람, 계바람 한 번도 일으키지 않은 착한 여자인데 남편의 뜻을 따르지 않는다고 손찌검까지 했습니다. 경제권도 빼앗고, 가정에서 필요한 것들은 내가 직접 사 날랐습니다. 아내는 어려운 시절을 많이 겪었지만 하나님을 의지해 살면서 가족을 위해서 늘 기도했습니다.

나는 사업상 업자들과 어울린다는 핑계로 한 달에 하루 이틀만 빼놓고 술에 탐닉하였고, 온갖 타락으로 순간의 쾌락에 젖어 살았습니다.

그로부터 십 년 후, 나의 몸에 타락의 징표가 나타나기 시작했는데, 고혈압이었습니다. 일 년 후에는 당뇨현상이 나타나서 의사의 주의를 받았고, 이미 중독되어 버린 술과 담배는 나의 의지로 끊을 수 없게 되었습니다.

그 가운데서 나를 조금이라도 위로한 것은 돈버는 재미였고, 나 혼자 힘으로 이만큼 이룬 것에 대하여 자만해 있었습니다.

몇 년 후, 허혈성 심장질환으로 심장 동맥의 일부가 막히는 증상이 있어 힘든 일, 달리기, 등산 등을 못하게 되어 조심스럽게 살아야 했습니다. 대학병원 순환기 내과에 입원하여 수술을 받았지만 효과가 없었습니다. 그럼에도 불구하고 나의 교만은 꺾이지 않고, 아내의 믿음을 용납하지 못했습니다.

나를 위해 심방 온 목사님과 교우들을 오히려 못마땅하게 여겨 더이상 귀찮게 하지 말아 달라고 했습니다.

목사님의 신유집회에 가서 병 고침 받자는 아내의 권유에 "의사도 아닌 목사가 어떻게 병을 고치냐? 그건 최면술이고, 사기야!"라고 조롱했습니다.

나의 육체는 죄악의 흔적들이 계속 나타났습니다. 왼쪽 눈 망막에 염증이 생겨 거의 시력을 잃어 가고 대학병원 안과의사는 "오른쪽 눈으로 옮겨 진행될 수 있으니 주의하라"고 일러주었고, 1993년 여름에 중풍으로 쓰러져 대학병원 응급실로 실려 갔습니다. 대학병원에는 입원실이 없어서 김두원 신경외과로 옮겨 두 달간 치료를 받았습니다. 또 기독교 한방병원에서 두 달 가량 한방치료도 받았습니다.

내가 사업을 직접 챙기지 않고 직원들에게 맡겨 두었으니 회사가 잘 돌아갈 리 없었습니다. 사업은 부도가 났고, 육백 개가 넘는 거래처에서는 수금을 해 주지 않았습니다. 물품 창고와 아파트까지 압류되어 우리 가족은 길거리로 나앉게 되었습니다. 돈 벌어 성공했다고 큰소리쳤지만, 하룻밤 얻어 잘 방도 없게 되었고, 다섯 식구는 하루하루 끼니 걱정을 하며 살게 되었습니다.

나의 형제들과 어머니의 도움으로 변두리에 일곱 평짜리 가게를 얻어 두 평은 막아 부엌과 침실로 쓰고 남은 다섯 평에 아내는 여성용 액세서리 장사를 하여, 대학생 고등학생 중학생이었던 세 딸을 가르치고 생계를 꾸려 갔습니다.

두 평짜리 단칸방에서 다 자란 딸 셋과 아내, 그리고 환자와 함께 사는 데에는 문제가 많았습니다.

나는 헤어져 살기로 하고, 전남 곡성군 옥과면에 이농한 빈 집을 구하여 손수 밥을 지으며 투병생활을 하였습니다. 이런 환경에서 쉰 셋의 지난 인생 여정을 돌아보게 되었습니다. 한 가지 목적을 가지고 살았던 결과는 다섯 가지 합병증으로 죽음을 기다리는 병든 몸이었습니다.

나는 나 자신이 얼마나 미약한 존재이며, 창조주의 손에서 벗어난 벌레보다 못한 존재라는 것을 깨달았을 때, 하나님은 구원의 손길을 뻗치셨습니다.

1996년 6월 8일에, 나는 아내와 함께 광주 안디옥교회 신유집회에 갔습니다. 처음 이틀간은 느낌도 감동도 없어서 은혜 받는 사람들을 보고 부러워했습니다.

　3일째 저녁, 나에게 기적이 일어났습니다. 박영우 목사님은 방언과 성령세례를 받기 원하는 사람은 유아실에 들어가 성령세례를 받아 오라고 전했습니다. 유아실에서 박 목사님과 함께 집회를 인도하던 공 목사님의 인도로 열심히 기도했습니다. 어떻게 기도하는지조차 몰랐던 저에게 놀라운 현상이 일어났습니다. 가슴이 뜨거워지더니 눈물이 솟아나고 입에서는 이상한 말이 튀어나왔습니다. 그리고 나도 기억하지 못하는 죄들을 고백했습니다. 거의 두 시간을 울며 회개하고 방언으로 기도하면서 성령세례를 받았습니다.

　이어 박 목사님이 나의 머리에 안수하는 순간 강한 전류가 제 몸을 통과하는 느낌이었으며, 온몸에 힘이 빠져 뒤로 넘어졌습니다.

　얼마 후에 박 목사님이 느낌이 어떠냐고 물으셨을 때, 나는 시원하다고 대답했습니다. 목사님은 나에게 강단에 올라와서 뛰어 보라고 했습니다. 저는 목사님과 손을 잡고 강단에서 함께 뛰었습니다. 참으로 이상했습니다. 중풍으로 내 몸의 오른쪽 부분에 힘이 없어 절름거리고 다녔는데, 정상으로 걷게 되었습니다. 심장병으로 뛸 수 없었는데 뛸 수 있게 되었습니다.

　박 목사님은 나에게 다섯 가지 신앙 지침을 주었는데, 이것을 지키지 않으면 마귀가 역사하여 내 병이 재발된다고 했습니다.

　첫째, 주일을 지켜 예배에 빠지지 말 것.

　둘째, 술을 끊을 것.

셋째, 담배를 끊을 것.

넷째, 죄를 짓지 말 것, 행여 죄를 짓게 된다면, 즉시 회개할 것.

다섯째, 모든 일에 감사하는 삶을 살 것.

나는 독거하고 있는 옥과로 돌아왔습니다. 병 나은 것이 신기하고 기뻤으나 아직 완전한 믿음은 들지 않았습니다.

그러나 은혜 뒤에는 반드시 사탄의 방해와 시험이 뒤따르나 봅니다. 고등학교 때 나는 '바인(포도넝쿨) 클럽' 회원 일곱 명 중 한 사람이었는데, 30년 만에 옛친구들을 만나 '만추회(晩秋會)'라고 이름짓고 여섯 달에 한 번씩 공휴일 하룻저녁에 우정을 나누는 모임이 있었습니다.

토요일과 주일에 걸쳐 지리산 관광온천에서 모인 그 모임에서 친구들이 나에게 병 나은 축하주를 권하는 바람에 한 잔만 한 잔만 하다가 술이 취했고, 노래방에서 춤추고 노래하고, 모여 앉아 고스톱 치고 옛날의 쾌락 속으로 다시 빠져 들어갔습니다. 결국 나는 주일을 지키지 못했을 뿐만 아니라 박 목사님의 지시를 다 범하고 말았습니다.

집으로 돌아와서 하나님께 사죄하고 다음부터는 꼭 지키겠다고 다짐하면서 잠자리에 들었습니다. 월요일 아침, 갑자기 오른 쪽이 마비되고 나는 그 자리에 쓰러졌습니다. 나는 전혀 움직일 수 없게 되었고, 두려움이 온몸을 엄습해 왔습니다. 기도를 잘 할 줄 몰랐지만 하나님께 기도하기 시작했습니다. 이 죄인을 불쌍히 여겨 한 번만 더 용서해 달라고 콧물, 눈물을 흘리며 진심으로 기도했습니다.

제가 무아 상태에서 기도했었다는 것은 후에 안 사실이었습니다만 그렇게 기도한 지 두어 시간쯤 지나서 갑자기 나에게 밝은 빛이 비추어졌는데 그 빛이 너무 눈이 부셔서 눈을 뜰 수 없었습니다.

그 때 한 음성이 들려 왔습니다. 우렁차게 울리는 종소리같이, 휘몰아치는 바람소리같이, 파도쳐 밀려오는 파도처럼, 머리부터 발끝까지 세포 한 개 한 개 마다에 울려오는 것이었습니다.

"건남아! 일어나거라. 너는 나의 제자 박영우의 안수로 나은 '애니아'니라. 네 주위를 정리하고 나의 제자 박영우를 따라가 많은 사람에게 증거하여라."

저는 두려움과 전율 속에 대답할 수밖에 없었습니다.

"하나님, 명령에 복종하겠습니다."

이어 나의 마음은 환희로 가득하였고, 나에게 비추었던 빛은 차츰 옅어지며 무지개 빛으로 변하더니 사라졌습니다. 그 때 나에게 다시 기적이 일어났습니다. 엎어져서 움직일 수 없던 몸이 움직이고, 마비되었던 오른쪽이 풀린 것이었습니다. 전신이 아주 상쾌했습니다.

저는 광주로 와서 박 목사님을 만나 자초지종을 얘기해 드리고, '애니아'가 누구냐고 물었습니다. 목사님께서는 나에게 말씀하셨습니다.

"하나님께서 윤 형제에게 강권적으로 빛 가운데 나타나시고 은혜 가운데 말씀으로 사명을 주셨으니 사도행전 9장에 나오는 애니아의 삶을 살아야 합니다."

나는 너무도 놀라운 체험을 했으므로 오직 순종하는 것 외에 다른 생각이 있을 수가 없었습니다. 저는 목사님의 말씀에 따르기로 하여 가게를 정리하고 온 가족이 교회로 들어와 살게 되었고, 아내는 사찰집사로서, 나는 하나님이 행하신 일을 증거하는 사명을 감당하게 되었습니다.

하나님께서 나에게 증거하라는 내용의 골자는 이것입니다.

"하나님께서는 살아 계셔서 예수님이 재림하시고 하나님의 나라를 완성하실 때까지 한 치의 오차도 없이 영혼구원 사역을 주관하고 계시며, 택한 백성들을 찾아 축복 주시기 위하여 만나기를 원하고 계신다."

하나님 아버지, 홀로 영광 받으시고, 이 종을 오직 주의 도구로 사용하시옵소서.

(이 간증은 1998년 4월 28일과 29일 양 이틀 동안 기독교방송
'새롭게 하소서' 시간에 방송된 내용이다)

아, 주님께서 나같이 추한 죄인을 '나의 제자'라고 불러 주셨다니 나는 그 감격으로 숨이 막힐 지경이었다. 외식하는 자요, 세상을 쫓았던 자요, 죄인 중의 괴수였던 나를 그 분의 보혈로써 씻어 주신 것만도 감사한데, 하나님의 자녀 삼으셔서 쓰임 받는 것만도 감사한

데, 나를 제자로 여겨 주셨다는 것은 내가 감당할 수 없는 은혜였다.

주님께서 다니엘에게 나타난 것처럼(단 10:4~6) 박영문, 윤건남 성도에게 예수님이 찾아오셔서 만나 주셨다니….

윤건남 성도는 나를 만나자마자 "목사님, 애니아가 누구예요?" 라고 물었다. 사도행전 9장에 베드로를 통해서 병을 나은 사람이 아닌가? 중풍으로 팔 년째 누워 있던 애니아를 하나님께서 베드로를 통해서 고쳐 주심으로써 룻다와 사론에 사는 많은 사람들이 예수를 믿게 된 기사를 생각하면서 하나님께서 이 부족한 종과 윤건남을 통해서 역사하시려는 뜻을 깨달을 수 있었다.

주님께서는 성경을 알지 못하는 윤건남에게 성경에 나오는 애니아를 가르쳐 주신 것이다. 참으로 성경은 살아 있는 하나님의 말씀이다. 그러므로 그 귀한 말씀을 생명의 양식으로 날마다 먹어야 한다. 성령의 감동으로 기록하여 정확하고 오류가 없는 하나님의 말씀이신 성경의 권위에 도전하여 말씀의 진위를 캐고 인간의 잣대를 가지고 논란을 벌이는 고등비평학 강좌는 신학교에서 사라져야 할 것이다.

더욱이 놀라운 것은, 윤건남의 중풍이 8년이 되었는데 성경에 나오는 애니아도 중풍으로 누운 지 8년이라는 사실이었다.

《죽으면 죽으리라》를 쓴 순교자 안이숙은 일본 사람을 회개시키려고 일본에 가기 전에 에스더의 "죽으면 죽으리라"는 말씀을 받았다고 하지 않는가?

윤건남 성도는 그의 집 전세금 오천만 원을 그대로 건축헌금으로 드리고 지금은 하나님의 종으로 사역하는 목회자가 되었다. 우리 교회 또한 개척하실 수 있는 기반을 만들어 드림에 하나님께 감사드린다. 하나님께서는 그의 부인 김경복 사모의 간절한 기도를 들으시고 역사를 시작하셨다고 나는 믿는다.

우리 교회 성도들은 살아 계셔서 역사하시는 하나님을 보고 생기를 되찾고 부흥을 체험하게 되었다.

6월, 7월 집회에서도 연일 하나님께서 역사하셨다. 그러나 더 많은 하나님의 역사를 체험하기 위하여 9월 집회 때부터는 능력이 많기로 알려진 외부강사를 초청하기도 했으나, 교회 가운데 오히려 부작용이 생겼고 부흥에 도움이 되지 않았다.

신유집회 때마다 하나님께서는 그의 살아 계심을 증거하였으며 부족한 이 종과 함께 하심을 보여 주셨다. 고침받고 은혜를 체험한 사람들은 물불을 가리지 않고 전도하러 나가서 하나님께서 자기 자신들을 위하여 행하신 일을 간증했다.

우리 교회의 위기(危機)는 곧 기회(機會)였다. 위기에서도 하나님을 끝까지 신뢰하며 하나님의 능력으로 극복하겠다는 믿음이 기회를 창조했던 것이다.

이 신유집회를 통해서 우리 교회는 아무도 흔들 수 없는 토대를 든든히 쌓았을 뿐만 아니라, 하나님께서 필요한 재정을 부어 주심으로 교회의 위기를 넘기고 성전 건축을 시작하게 되었다.

1995년 연간 헌금 결산은 4억이었는데 교회가 위기를 당하여 비상사태를 선포하고 죽기를 각오하고 철야와 신유집회를 열고 난 후에 성도들의 봉헌 생활에 변화가 오더니 1996년에는 7억, 그 이듬해에는 12억, 그 이듬해에는 15억으로 상승하였다.

1996년 4월, 수렁에 빠져 헤어날 수 없는 위기의 한 가운데서 예배당 건축이 시작되었다. 이듬해 여름까지 2,400평 대지에 연건평 1,250평의 예배당이 완공되었다.

목회에서는 예기치 않는 위기가 있다. 교회는 평상시에는 목회자의 영적 권위에 의해 다스려지다가 일단 시험에 들면 목회자의 권위는 허공을 치게 된다.

이 때 목회자는 스스로 그 권위를 접어놓고, 위기 초래의 책임자로서 오직 하나님과만 대면해야 한다. 그리고 오직 하나님만 의뢰할 때 하나님께서 역사를 시작하신다.

"이 폭풍이 나의 연고라. 나를 들어 바다에 던지라."는 요나의 고백이 목회자의 것이 되어야 한다. 회개할 때 큰 물고기는 요나를 바닷가에 토해 내놓았다. 회개하는 그 시간을 허송하는 것은 아니다. 그 시간에 물고기는 니느웨 항구를 향하여 진행하고 있었기 때문이다.

19
전도만이 교회의 살 길이다

전도 동원에 기발한 아이디어 있어야

우리 교회는 한 때 우수교구에 대한 시상 제도가 있었다. 전도를 제일 많이 해야 우수교구가 된다. 교회로부터의 거리에 따라 세 지역으로 나누어서 교회 근처 교구는 A지역, 중간 교구는 B지역, 교회로부터 먼 교구는 C지역으로 나누고, 각각 전도 목표를 정하고 그 목표를 완성하면 그 교구주관 헌신예배를 드리고 상패를 준다. 헌신예배 때 나온 헌금은 그 교구가 사용하도록 내준다. 우수교구가 밀려 매주 헌신예배를 드릴 정도였고 나중에는 목표를 완성했어도 헌신예배의 기회를 주지 못한 교구는 새해까지 이어서 주기도 하였다.

성도들을 전도에 총동원시키기 위해서는 기발한 아이디어가 있어야 한다. 찬스가 생기면 기회를 놓치지 말고, 결과는 전도의 주인

되시는 하나님께 맡기고 시작하는 것이 중요하다.

선물로 받은 르망 차를 십 년 동안 타고 다녔더니, 내 차가 너무 낡은 것을 보고 어느 집사가 나에게 그랜저 승용차를 선물로 주었다.

"집사님, 성의는 참으로 고맙습니다. 하나님께서 받으신 줄 믿습니다. 그런데요 집사님, 우리 교회가 빚을 많이 지고 있는 형편에 내가 어떻게 그랜저를 타고 다닐 수 있겠습니까? 집사님, 이 차 팔아서 승합차 한 대 사 주시면 주일에 성도들 수송지역을 한 코스 더 늘리겠습니다."

그러나 그 집사는 교회 재정으로 산 것이 아니니 마음 쓰지 말라고 하면서, 목사님께 드린 것이니 목사님께서 타고 다니셔야 된다고 하였다.

며칠 동안 그대로 세워 두다가 만약 내가 이 차를 타지 않으면 오히려 선물 주신 분에게 실망을 줄 것 같아서 타고 다니기로 했다. 차를 타 보니 과연 승차감도 좋고 튼튼해서 더욱 좋았다. 그러나 마음이 편하지 않았다.

이 차를 팔아 그 지긋지긋한 이자를 줄여야 한다는 생각을 떨쳐 버릴 수 없었다. 그러다가 주님께서 나에게 기발한 착상을 떠올려 주셨다. 그 차를 전도 경품으로 내놓는 것이었다.

'한 영혼이 천하보다 귀한데 이 차로 인하여, 많은 영혼이 전도된다면 우리 주님께서 기뻐하실 거야.'

"100명 전도 목표를 먼저 달성한 교구에게 이 그랜저를 상품으로 드립니다."

그리고 기간을 발표했다. '와!' 성도들은 환성을 질렀다. 교구마다 전도의 불이 활활 타올랐다.

"우리 교구가 일등해서 이 차를 목사님께 선물로 드려 이 좋은 차를 계속 타고 다니게 해 드려야지."

자기 교구의 이름으로 담임목사에게 이 선물을 돌려 드리겠다는 선의의 경쟁이 시작되었다. 나는 이 차를 팔아 조금이라도 더 빚을 갚겠다는 것인데, 성도들의 생각은 나하고 전혀 달랐다. 이 캠페인은 교회 분위기를 더 좋게 만들었다.

84명을 전도한 교구가 선두에 서고, 일백 명 목표 달성을 한 교구는 없었지만 교구마다 수십 명의 실적을 올렸고, 뜨거운 열기는 식어질 줄 몰랐다.

다시 2차로 기간을 정했다. 전도는 열심히 했지만 처음 보다는 물고기를 많이 낚아 올리지 못했다.

"우리 목사님이 달성하기 어려운 목표를 내놓고 그랜저로 몇 번 우려먹는다."

이런 우스갯소리를 하는 사람들도 있었다. 속담에 '노루 때려잡은 막대기 3년 우려먹는 식'이었다.

결국 그랜저를 팔아 교회 빚을 줄였다. 오히려 십일 년 된 르망을 타고 다니는 것이 더 마음 편하다. 당회 자리에서 "목사님! 차만은 좋은 것을 타고 다녀야 합니다."라고 설득하는 장로들이 고마웠다.

‘아직 예배당 건축 빚을 다 청산하지 못하고 있는데…….’

성도들의 헌신의 피와 땀으로 이자를 낼 때마다 나의 몸에서 피를 빼내 주는 것 같은 아픔이 있는데 좋은 차를 가지고 있다는 그것만도 나에게는 바늘방석이었다.

담임목사가 너무 낡은 차를 고집하는 것도 외식으로 비쳐질 수 있지만, 내 마음을 하나님이 아신다.

귀한 성도들이 있는 나는 행복한 목사다. 르망 차만큼이나 오래되고 또 그만큼 나하고 친숙해져 있는 성도들이다.

전도를 교회의 생명으로 알고 실천하는 교회만이 살아남는다. 이것을 줄여 말하면 우리 교회는 ‘전도 생명 교회’이다.

석양에 부름 받은 품꾼들

교도소 선교에 관심이 있어서 어느 해 12월 초, ‘청송교도소’에 가서 복음을 전할 수 있는 기회를 얻었다. 이른 아침 6시 30분에 찬양대원들과 함께 교회 승합차로 출발했다. 고속도로를 달리면서 나는 속으로 기도했다.

‘하나님, 저에게 기회 주시니 감사합니다. 고난을 당하고 있는 사람들을 위하여 이 몸을 바치고 싶었습니다.’

내가 온전히 충성하지 못하여 하나님께 실망을 안겨 드릴 때마다 "하나님, 잘못했어요"하며 어떻게 하나님을 기쁘게 해드릴까 생각하게 되는데, 하나님께서는 나의 마음을 아시고 충성할 수 있는 기회를 주신 것이다.

그래서 새벽에 승합차를 달리는 마음은 한층 더 상쾌했다. 내 교회 자리를 채워 교회성장을 이루겠다는 욕심이 아니라, 오직 은혜의 복음을 가지고 천국 자리를 채우러 달려가고 있으니 하늘의 기쁨이 내 속에 피어올라, 이것이 진짜 천상의 환희려니 하며 감사했다.

나는 잠시나마 사도 바울을 흉내낸 것 같아서 매우 기뻤다. 사도 바울에게는 대 교회의 꿈이나 욕심이 없었다. 오히려 배고프고, 춥고, 헐벗으며 오직 예수 그리스도의 복음에 미쳐 옥중의 고통에서 성도의 승리하는 모습을 보여주지 않았던가.

고속도로로 일곱 시간 달려 교도소에 도착했을 때, 예배당 안에서 흘러나오는 뜨거운 찬송 소리는 나의 마음을 흥분시키기에 충분했다.

문제 있는 곳에 문제의 해결자 예수님이 계시고 죄 많은 곳에 은혜가 넘친다는 말씀처럼 중죄인이 갇혀 있는 청송교도소, 그 곳에 말씀과 복음의 능력이 나타났다.

나는 그들에게 '형제!'라고 부르면서 "사랑 없는 목사 이제야 찾아와서 죄송합니다."라는 말로 시작할 때 실내는 숙연해지는 분위기였다. 그들의 얼굴은 참으로 순진하고 진지하기까지 했다.

"하나님 앞에 목사인 나도 죄인이고, 여러분도 똑같은 죄인입니다. 하나님께서는 죄인들을 사랑하십니다."

복음을 전하고 나서 결신의 시간에 그들을 구원으로 초청했을 때, 1,500여 명 중 거의 절반이 일어서서 그리스도를 마음 가운데 영접했다.

나는 약간 실망이 되었다. 그들 모두가 다 그리스도를 영접하기를 기대했기 때문이었다. 반면 나를 인도했던 목사는 의외로 흥분하여 교도소 선교 십 년에 이런 기적은 처음이라는 것이었다. 자칫하면 소란하기 쉬운데 비둘기 같은 성령의 역사로 고요히 그러나 소리 없는 폭발로 그들의 마음의 철빗장을 깨뜨리셨다는 것이다.

'아, 실패가 아니구나! 절반의 성공이…'

나는 놀라운 역사를 보여주신 하나님께 감사드렸다.

교도소에는 작업반이 있고 그냥 지내는 분들이 있다. 그냥 지내는 분들이 훨씬 힘이 든다고 하는데 바로 그들에게 이런 역사가 나타난 것이다.

듣기로는 바늘로 자기의 눈을 꿰매고 바늘을 삼켜 버리는 사람, 형광등을 깨서 씹는 사람들이 있다고 했다. 바로 그런 사람들에게 복음이 선포되었을 때, 다이너마이트 같은 성령의 강한 역사로 변화가 일어났던 것이다.

집회가 끝난 후에 내복 한 벌씩을 선물로 주면서 일일이 악수하며 나는 그리스도의 사랑의 마음으로 힘껏 안아 주고 있었다.

그들을 담 안에 두고 우리는 담 밖으로 나왔다. 밤 10시가 넘어서 집에 도착했다. 주일 새벽부터 밤늦게까지 쉴새없이 하루를 보낸 바로 다음날, 새벽기도회를 마친 시간부터 출발하여 열 여섯 시간 동안 조그만 승합차로 광주에서 청송까지 왕복하는 데에, 그리고 교도소에서의 긴장된 설교로 소모되었던 나의 몸은 견디지 못하고 오랫동안 몸살이 났다.

그 후 목포교도소에서는 하나님의 은혜로 400여 명 중 90%이상 영접기도를 받았다.

광주교도소에서는 400여 명 중에서 약 70%가 영접기도를 받았다. 몸찬양 팀의 찬양 후에 시한부 생명으로 죽음만을 기다리다가 하나님 은혜로 고침 받은 윤건남 성도가 간증을 하고, 이어서 칠판에 그림을 그리며 설교를 시작했다. 나오면서 박영문 장로의 '천국과 지옥의 증언' 책자를 각 방에 넣어 주었다.

여러 차례 교도소에 다녀 보니 경험이 생겨 어떤 설교가 마음 문을 열고 받아들이는가 조금씩 눈이 뜨여졌다.

나의 교도소 선교 방법은 이렇다. 먼저 설교를 통해서 그들을 2차로 영접시킨다. 다음으로 찬양과 간증시간을 가진 다음에 다시 이차로 구원에로 초청한다. 영접한 사람은 영접 카드를 작성하고 제출토록 하여 숫자를 파악한다.

그런데 영접 숫자가 미미할 때가 있다. 원주교도소에서의 예를 들어보겠다. 원주 집회에서 삼십 명이 영접하지 않아 계속 영접할 것을 호소하면서 일어서는 숫자를 세고 있었다. 한 분, 두 분, 열 분…, 열 일곱 분, 열 여덟 분….

"아직도 지금 열두 분이 일어서지 않았습니다."

바로 이런 식으로 그들에게 호소한다.

하루에 교도소 한 군데로는 욕심이 차지 않을 때에는 주위의 경찰소 유치장이나 양로원을 방문하고 하루의 보람을 느끼면서 어둑해진 후에 돌아온다.

주님의 '포도원의 품꾼 비유'에서 먼저 된 자로서 나중 되고, 나중 된 자로서 먼저 된 자를 생각해 보았다. 우리는 장터에서 놀고 있다가 오전 아홉 시, 열두 시, 오후 세 시를 지나 오후 다섯 시에 품꾼으로 부름 받은 자들이다. 오후 다섯 시라면 일할 시간은 한 시간 밖에 남지 않는다.

누가 석양 무렵 다섯 시에 품꾼을 쓰겠는가? 좋으신 우리의 하나님은 지금 마지막 때 한 시간을 남겨 놓고 우리를 부르셨다. 오후 다섯 시 인생, 우리의 또 다른 별명이다. 예수님의 재림이 가깝다.

프란시스는 늑대까지도 회개시켰다는데

3월 19일, 따스한 봄 햇살이 비치는 상쾌한 날이었지만, 아침부터 빚 독촉을 받고 나의 마음은 우울하고 칙칙했다. 게다가 주중에도 날마다 분주하게 뛰어다니다 보니 하나님과의 조용한 만남의 시간이 부족하여 나를 더 침울하게 만들었다. 소형 녹음기로 말씀 테이프를 들으며 다녔는데, 녹음기까지 고장이 나서 두 시간 거리의 장흥교도소까지 방언으로 기도하면서 갔다.

집회 참석인원은 160여 명 정도, 지금까지의 교도소 집회에서는 가장 적은 수였지만 적어도 90% 이상을 영접시킬 수 있다는 자신감에 차 있었다.

그런데 예배가 시작되었을 때 분위기는 어수선했고, 시작할 때부터 뒷좌석에서 두 명이 계속 이야기를 하고 있었다. 두 사람에게 주의를 주었지만 아랑곳하지 않았고 오히려 옆자리로 옮겨 다니며 얘기하는데 체구는 건장하고 뚝심이 있어 보여 조직 폭력배 깡패처럼 보였다. 교도관이 주의를 주어도 듣지 않았다.

이런 경우에는 그 사람을 의식하지 말고 다른 곳을 보면서 설교해야 되는데 잘 되지 않았다.

거기에 앉아 있는 절반이 예수님과는 거리가 먼 사람이었다. 어떻게 하여 분위기를 압도하여 나에게 주목하게 만들까? 아예 고개를 숙이고 있는 사람도 있었다. 어떤 때는 강단에서 발을 구르기도 했고, 호통을 치기도 했고, 호소하듯 애원하기도 했다.

"여러분, 인생은 참으로 고귀합니다. 하나님은 참으로 여러분을 사랑하고 계시며 가정에서 부모님, 가족들은 여러분을 기다리고 있고 집에 가면 가장이고 아버지입니다."

그들이 인생을 자포자기하지 않도록 자의식을 일깨워 주면서 희망을 주는 설교를 한다.

"오늘밤 이 세상 떠난다면 천국에 들어갈 자신이 없는 분 일어나세요!"

일차로 영접한 사람은 일백 이십 명쯤이었다. 아직도 삼, 사십명이 버티고 있었다. 이어 찬양을 하고, 간증을 하면서 두 번째 영접을 호소했을 때, 겨우 여섯 명이 일어섰을 뿐이었다. 80%정도만 영접하였다. 95% 이상을 영접시키겠다고 자신만만했는데 결과는 생각대로 되지 않았다. 여리고 성 점령 후, 아이 성 싸움을 너무 쉽게 생각하다가 참패한 이스라엘의 모습이 곧 나였다.

마음이 아프고 괴로웠다. 집회 장소에서 돌아다니며 떠들고 다닌 두 사람의 탓이 아니라 문제는 나에게 있었다. 교도소 선교를 쉽게 생각한 안일한 태도는 나의 교만에서 비롯되었다. 그 두 사람을 불쌍히 여기고 나의 마음이 사랑으로 불타올랐다면 성령께서 역사하셨을 것임에 틀림없었다.

아씨시의 성자 프란시스는 늑대까지 회개시켰다는데…….

'오, 하나님! 진실한 사랑을 주시옵소서.'

돌아오는 길에, 양로원을 찾아갔다. 거기에 살고 있는 백 여명의 노인들이 거의 다 그리스도를 영접했다.

그들을 바라보며 화살같이 빠른 세월을 절감하며 돌아왔다.

저녁 일곱 시쯤에 고아원을 방문하였다. 아직 학교에서 돌아오지 않은 원생들이 더러 있었지만, 거기서도 백 여명의 원생들이 거의 다 그리스도를 영접했다.

양로원과 고아원에서 사역을 마치고 시내로 들어왔다. 네온사인이 반짝이는 도심의 거리는 고요하고 평화로웠다. 자유를 제한 받고 있는 구획을 나와 거리를 달리면서 생각해 보니 여기는 아무 문제가 없는 것 같았다.

집에 돌아왔을 때, 피곤함으로 나는 파김치가 되었다.

"하나님! 부족하고 약한 종을 써 주시니 감사합니다."

사랑의 목자가 그립다

한 주간 지나서, 하루는 광주교도소, 그 다음 날에는 전주교도소에 연이어 다녀왔다. 두 곳 다 사오백 명 씩 모였다. 여기는 적어도 전과 3범 이상은 보통이고, 평균 7·8범 이상의 강력범들이어서 장기수나 무기수들이 많았다. 경계도 삼엄하고 집회 조건도 까다로웠다.

나는 하나님께 더욱 의뢰하면서 마음을 굳게 하고 뜨겁게 호소했다. 교도소 집회를 오래 해보니 잡담을 금하고 설교에 집중케 하는 지혜도 터득했다.

일차 영접 기도할 때, 두 곳 다 70% 정도 영접을 받았다. 이어 찬양과 간증 후에 다시 영접을 호소했을 때, 30여 명이 영접을 했다. 그러나 그들 중에 20%는 목석처럼 앉아 있었다. 길가에 떨어진 씨나 돌작 밭에 떨어진 씨는 그 땅이 너무 굳어 있어서 싹이 나기 어렵다는 것을 실감할 수 있었다. 그러나 성령의 역사는 그들의 돌과 같은 마음을 녹이게 될 것을 믿는다.

길 잃은 양의 곤경을 찾아 돌아보며 예수님처럼 품에 안을 수 있는 목자가 그리워지는 세상이다. 목자는 대접받는 위치가 아니라 섬김의 위치라는 것을 안다면, 그가 누구든지, 어느 형편에 있든지 사랑으로 품어야 할 것을…….

목사도 인간인데, 인간에게서 비롯된 거짓되고 이기적인 사랑으로 어찌 거룩한 주님의 일을 할 수 있겠는가? 성령으로부터 출원되는 한량없는 은혜와 사랑으로 양들을 돌아볼 때, 그것은 성령의 사역이므로 성령께서 이루시리라. 성령의 사랑의 법에 사로잡혀 일할 수 있는 방법은 오직 하나, 그것은 기도와 말씀으로 성령 충만을 받아야 한다.

중국에서 수많은 나병환자의 피고름을 빨아 주며 예수님처럼, 성 프란시스처럼 살고 있는 김요석 목사, 그는 진정 성령의 사랑에 사로잡혀 사랑의 눈물과 사랑의 기도와 사랑의 언어로 사랑의 헌신으로 양을 사랑하는 사랑의 화신(化身)이다.

김요석 목사 같은 사랑의 목자가 되고 싶다.

내 평생의 소원이 있다면, 진정한 사랑이 내 속에서 흘러넘치는 것이다.

주여, 외식 없는 입술이 되어 진실한 말만 하게 하소서.

나를 드러내려는 마음이 사라지고

지극히 작은 자로서 주님의 임재 가운데 서게 하시고,

나를 통하여 오직 주님의 뜻을 이루소서.

주여, 주님 앞에 서는 그 날까지

실족하지 않고 달려가게 하소서.

주여, 나를 불쌍히 여겨 주소서.

20
너는 내가 준 말만 하라

한 번은 하나님께서 "너는 내가 준 말만 하라!" 고 하셨다. 하나님이 말씀하신 것만 대언하라는 것이다. 구약의 선지자들에게 하나님의 말씀이 임하여 대언한 것처럼….

목회자가 하나님과 교제하므로 하나님의 세미한 음성을 듣고 하나님의 말씀을 잘 전하는 것보다 귀한 일은 없다.

말씀이 육신이 되신 분이 예수 그리스도시다. 말씀이신 예수님께서 "살리는 것은 영이니 육은 무익하니라 내가 너희에게 이른 말은 영이요 생명이라" (요 6:63)고 말씀하셨다.

하나님의 말씀 자체가 영생을 준다. 베드로는 "영생의 말씀이 계시매 뉘게로 가오리이까?"라고 확실하게 말씀이 무엇이며 누구라는 것을 알고 있었다.

우리가 대언하여 선포한 말씀은 영이다. 우리는 진실로 생명 되는 레마로 설교하고 있는가? 나 자신도 모르겠다. 하지만 먼저 주님과 만나고 하나님의 사랑에 감동되어 성령으로 불타서 십자가 피의 사랑을 전하고 싶다.

그런데 하나님과 기도하면서 깊은 교제가 있을 때는 주님의 은혜가 얼마나 큰지 감사와 감격으로 피의 복음을 전하는데 목회에 분주하게 뛰다보니 마음이 무디어지기 마련이다. 그래서 하나님의 은혜와 사랑이 머릿속에서 관념에 머물게 되고 내 가슴이 불타오르지 않는다.

목회자에게 가장 중요한 것은, 기도와 말씀에 전무하면서 갖는 하나님과의 만남이다. 내 마음이 식어져 있고 단절된 상태에서 무슨 감동의 설교가 나오겠는가?

설교는 성도들의 가슴에 하나님의 사랑과 마음과 생각을 넣어주는 것이다. 그런데 설교자가 세상 정보와 지식과 교리, 율법을 전해준다면 가슴에 감동은 없고 귀만 커지고 머리만 커져서 나중에는 신앙생활에서 요령과 방법에 익숙해진다.

살아 있는 말씀, 생명의 능력의 말씀, 보혈의 강수가 흐르지 않는 곳에 변화는 없다. 예수를 닮는 변화는 불가능하다.

사실 우리는 어둠의 영에 붙잡혀 사는 경우가 많다. 모세의 자리에 앉아 판단 정죄하고 바리새인의 신앙이 되고 만다.

바울의 고백처럼 우는 자와 함께 울고, 웃는 자와 함께 웃는 자가 되어야 하는데 마음이 감각 없는 문둥병자 되어서 성도의 아픔과 눈물이 보이지 않는다.

가족의 형통과 내 생활에 풍성함으로 만족하며 살고 있다면 내가 바로 삯군이 아닌가? 두렵다. 어떤 목회자가 사례비 많이 받고, 좋은 차, 큰 아파트에 사는 것이 목회 성공인양 이야기하는 것을 들었다.

우리 한국교회에 많이 알려진 이야기이지만, 현신애 권사가 천국에 가서 예수님을 뵈었는데, "나, 너 모른다."고 하여 "예수님, 저 예수님의 이름으로 많은 병을 고친 현 권사에요."라고 자기를 내세웠다는 것이다.

꿈에서 깨어난 현 권사는 전 재산을 정리하여 북한 선교와 모 교회에 헌금한 것으로 알려졌다. 그리고 말년에는 강남 터미널에서 '예수 천당, 불신 지옥' 전도하다 천국 가셨다고 한다.

정말 우리 목회자들이 깊이 들어야 할 말씀이다. 현신애 권사가 예수님을 뵈었을 때, 예수님께서 10명의 큰 교회 목사님들을 모른다 하여 가서 전해 주었는데, 일부만 받아들였다고 한다. 왜 이렇게 되는 것일까?

사도 바울은 로마와 갈라디아서를 통해 '이신득의'(예수그리스도를 믿음으로 말미암아 얻어지는 의)를 말씀하고 있는데, "내가 예수님 믿고도 왜 천국 못 가겠냐? 내가 주님을 위해 평생 일했는데…."라며 행위 구원을 털어버리지 못하고 있다.

사도바울이 말한 이신득의는 그 당시 율법아래 있는 자들이 할례를 받아야 된다는 주장들을 반박하였다. 갈라디아서는 예수 그리스도 십자가의 피를 믿음으로 죄 사함 받는다는 것을 분명하게 밝힌 서신이라는 것을 알아야 한다.

행위가 아니라 예수그리스도의 피와 부활을 믿음으로 구원을 받는다. 정말 예수님의 십자가 피를 경험하고 부활을 경험했다면 당연히 행함의 열매가 맺어지게 되는 것이다. 행함의 열매가 없다는 것은 예수님을 만나지 못한 가짜 믿음이란 것이다.

예수님께서 당시 종교지도자, 제사장, 서기관, 바리새인들을 향하여 지옥의 자식들이라고 책망하시면서, "교인 하나 얻기 위하여 배나 지옥자식이 되게 하는 도다. 너희 의가 서기관, 바리새인보다 낫지 아니하면 결단코 천국에 들어가지 못하리라." (마 23:15)고 외치셨다. 오늘날 목회자들은 왜 이런 무서운 말씀을 외면하고 있는 것인지….

"행함이 없는 믿음은 죽은 믿음이다." 내 노력과 행위로는 아무도 천국에 들어갈 자가 없다. 십자가 피의 공로, 하나님의 사랑을 깨닫는다면 그 사랑에 감사하여 성령님의 은혜로 말씀대로 살게 되는 것이다. 이것이 그리스도인이 맺는 열매다.

주님을 정말 만났다면 자연적으로 회개에 합당한 열매를 맺게 되고 변화된다. 이런 사람이 알곡 성도로 천국에 입성하게 되고, 쭉정이는 불에 태워지는 것이다. 교회 안에 생명의 말씀, 성령의 은혜가 없으면 쭉정이 신자만 가득하게 된다.

내 목회 현장은 얼마나 알곡 성도들, 들림 받는 신부들로 단장되어 있는가? 가장 중요한 것은 영적으로 성숙한 성도로 변화시켜 주는 것이다. 어떻게 성숙한 신자가 되게 하는가? 신령한 말씀으로 성도들의 가슴에 생명의 말씀, 불의 말씀을 주는 것이다.

"내 말이 불 같지 아니 하냐, 방망이 같지 아니 하냐"

"너는 내가 준 말만 하라"

그래서 목회자는 기도하고 성령님의 감동으로 설교 준비에 애를 쓰는 것이다. 성령님의 감동으로 준비하고, 성령님의 감동으로 전파할 때 듣는 자의 자아가 깨어지고 부서지는 것이다. 그러면 주님의 영과 내가 하나 되고 죄성과 육성이 없어지면 내 속의 영의 향유가 흘러 나와 성도님들의 영에 생명을 불어넣게 되는 것이다.

성령님께서 역사하시면 세속적인 것, 인본주의 적인 것이 버려지고 바뀌게 된다. 설교를 통하여 은혜가 있으면 성도들의 눈에 이 세상 것이 다 쓰레기로 보이니까 버리는 것이다.

"함께 기도해요"의 잉태

하나님께서 심히 부족한 나에게 한국 교회에 대한 부담을 안고 하루저녁 기도하도록 하셨다. 젊을 때는 철야기도가 그렇게 어렵지 않았는데 철야기도가 힘이 들어 요즈음 잘 하지 못하고 있는데 그날 밤에 강단에서 밤새 기도할 힘을 주셨다.

새벽 4시 경에 친구 목사님들과 한국 교회 회복을 위한 기도 모임을 결성해야 되겠다는 마음을 주셨고, 연락을 하여 30여 명이 모임을 갖게 된 것이다.

우리 교단으로 광주에서 큰 교회들을 담임하셨고, 노회장을 하셨던 원로 목사님 다섯 분께 이 모임에 고문이 되어 주시기를 부탁드리자 쾌히 승낙을 받아 함께 시작을 하였다.

제가 교회 본질 회복이라는 큰 주제로 모이기 위해 저를 인정해 주신 분들의 어르신들의 지도가 필요하였기 때문이다.

황금 칼

셋째 딸 순천이로부터 전화가 왔다. 하나님께서 나를 책망하신다는 것이다. 내가 무슨 책을 골똘히 쳐다보면서 하나님께서 내게 주신 황금 칼을 보지 못하고 있다는 것이다. 사위인 안정환 목사에게도 꿈으로 하나님께서 보여주시기를, 내가 무슨 책만 쳐다보고 내게 주신 하나님의 선물, 길고 빛나는 큰 황금 칼을 소중하게 여기지 않는다는 것이다.

이 황금 칼은 하나님의 말씀으로 해석된다. 내가 제일 소중하게 여기는 은사는 말씀의 지혜와 말씀의 지식 은사인데 기도 때마다 이 은사를 사모하며 기도하였다. 은사가 각자가 다른데 내게 주신 소중한 은사를 가볍게 생각하고, 남의 것만 부러워 쳐다보고 있었으니 하나님께서 책망하시는 것은 당연한 일이구나.

그때부터 열등의식을 갖지 않고 내게 주신 황금 칼을 더 예리하게 갈고, 이 말씀의 칼로 성도들의 영과 혼과 관절과 골수를 찔러 쪼개서 하나님의 생명의 말씀을 전할 때마다 "어찌할꼬!" 애통하며 회개하는 역사가 있도록 기도한다.

목회자에게 가장 중요한 은사는, 말씀의 지혜와 지식이라고 생각한다. 신유나 능력으로 육신의 질병을 고치는 것도 중요하지만, 마음과 생각을 바꾸고 영혼을 살리는 것은 역시 영생의 말씀이다. 말씀이 육신이 되신 분이 우리 주 예수그리스도가 아닌가?

몇 년 전에 예배가 끝나고 나가던 어떤 여자 성도님이, "오늘 목사님 말씀 듣고 이혼 하지 않기로 하였어요."라고 말하였다. 그 여성도는 당시 설계사로 잘 나가는 분으로 나는 알고 있다. 하나님 말씀만이 우리를 변화시킨다.

수 년 전에, 워싱턴 한인 방송국에서 모 목사님으로부터 전화가 왔다. 제 설교를 미국 50여 주에 방영하겠다는 것이다. 나는 사양하였는데 세 번까지 전화가 왔다. 그래서 "왜 제 설교를 방송에 내보내겠다고 하십니까?" 그 목사님은 "영적 설교는 다르지요."라고 대답하였다. 하지만 그때 방송을 하지 않았다.

개척하기 전에 하나님께서 나에게 기도훈련을 시키셨다. 1~2년 정도 산기도로 철야를 하고, 낮에는 성경을 하루에 100~200쪽을 읽게 하셨다. 그때 꿀송이를 먹는 모습을 보여주셨다.

요즈음 너무 성경 읽는 시간이 적어서 아쉽다. 매일 1-2시간 산보를 할 때 꼭 전자성경을 듣고 다닌다. 한 번은 서울을 그날 아침에 가서 그날 저녁에 오는데 전자성경으로 말씀을 10여 시간 이상 계속 들었다. 지루하지 않고 은혜가 되고 내 영이 하나님의 말씀과 하나 되는 감동이 있었다.

은혜의 복음 전파가 중요한데, 율법설교와 복음 설교는 무엇이 다른가? 구약은 율법이고, 신약은 복음이라고 생각하면 오산이다. 예수님께서 십자가에서 "다 이루었다!" 고 하신 말씀의 의미를 바로 알고 십자가 피의 은혜, 하나님의 사랑을 전해야 된다.

"하라! 하지 말라!"가 강조되면 아무리 좋은 말이라도 율법 설교가 되기 쉽다. 할 수 있는 마음, 할 수 있는 영적 에너지를 주어야 한다.

"큰 믿음 가지라!"가 아니라 믿음을 심어 주는 설교, "사랑하라, 용서하라"가 아닌 사랑의 마음을 갖게 하고 용서의 마음을 갖게 하는 설교를 어떻게 할 것인가? 목회자는 깊이 생각해 봐야 한다.

먼저 설교자 자신이 예수 그리스도의 은혜, 하나님의 사랑에 성령으로 흠뻑 젖어야 한다. 그리고 어버이의 마음을 가지고 예수그리스도의 심장의 뜨거운 사랑으로 눈물로 호소할 때 진정 변화를 주는 설교가 가능하다. 이론을 아는 것으로 되지 않는다. 무릎 꿇고 엎드려 하나님의 마음을 달라는 기도만이 해답이다.

"하나님, 끝까지 나를 붙잡아 주소서!"

"계속 황금 칼이 좌우 날선 검이 될 수 있도록 기도와 말씀에 전무하도록 나를 붙잡아 주소서!"

대학 등록금을 십일조 하는 셋째 딸 순천

나는 하나님의 은혜로 사랑을 많이 받고 좋은 교회를 섬기는 행복한 목사이다. 하나님의 은혜로 내 자녀에게 귀한 믿음의 은혜를 주셨다.

셋째 딸 순천이는 초등학교 다닐 때 담임선생님께, "예수님 안 믿으면 지옥 간다."고 전도한 아이다. 고 2때도 학교에서 점심 때 동급생에게 성경공부를 인도하고, 대학 다닐 때는 그 당시 밤 12시 예배에 참석하고 4시 30분에 시작하는 새벽예배에 참석하고, 일반 대학교에 다니면서도 목회자도 따라 하기 어려울 정도로 열심히 주님을 사랑하고 섬겼다.

나는 고운 모양도 없고 풍채도 없으시고 흠모할 만한 것이 없는 예수님을 닮아서, 잘 생기지 못했는데 내 딸 순천이는 정말 잘 생겨서, 나겸일 목사님이 우리교회 부흥회 때 오셔서 순천이를 보고, 연예인으로 절대 보내지 말라고 부탁도 하였다.

순천이가 중국어를 전공하여 중국에 교환학생으로 유학을 갔을 때 있었던 일이다. 대학등록금을 주니까 하나님께 철저한 신앙이라 등록금에 대한 십일조를 교회에 드린 것이다. 등록금이 부족한 부분은 자기 용돈으로 채웠으니 용돈 없이 사는 것은 자기 손가락을 빨고 있는 삶인 것이다.

중국 선교를 갔다가 순천이가 다니는 교회 목사님을 만나서 이 사실을 알게 되었다. 유학생이 그 교회에서 제일 헌금을 많이 내는 사람 중의 하나라고 한다. 전도에도 열심이어서 그 담임목사님의 칭찬이 대단하였다.

장신대 신대원 시험에 2~3번 만에 합격해도 대단한데 1차로 넉넉히 합격하였다. 어려운 성경시험에 만점을 받은 것이다. 장신대 신대원에 다닐 때 장학금을 두 군데서 받았다.

한 군데는 이슬비 학교 여운학 장로님이 성경 1천 구절 암송자에게 주는 장학생으로서 장신대에서 한 명 뽑혔다.

여운학 장로님이 갑자기 전화로 불러 창세기 1장, 요한복음 15장을 원어로 하라고 하면 원어로 암송할 정도다. 그 장로님이 순천이에게 "너는 단독 목회자로 성공할 수 있다."고 하였다 한다.

재학시절 모 교회 교육전도사로 있었는데, 그 교회 수석 장로님이 기숙사에 있지 말고 자기 집에 있으라고 해서 공주 대접 받고 가정집에서 살게 된 적도 있었다.

둘째 사위 김춘곤목사는 우리 교회 청년부를 크게 부흥시켰고, 필리핀에서도 많은 열매를 맺고 돌아와서, 지금은 구파발교회 담임으로서 사역을 잘 감당하고 있다.

몇 년 전 인도네시아 목회자 수십 명이 우리 교회를 방문하였다. 즉석으로 저들에게 영어 설교를 한 것을 보고 깜짝 놀랐다. 이런 실력을 조금도 나타내지 않고 있었던 것이다. 내 실수로 인하여 교회에 힘든 일이 생겼을 때 나를 든든히 받쳐주었다. 김춘곤 목사가 전북대학교 D.S.M. 출신이라는 것을 알고 깜짝 놀랐다.

DSM이란 '빚진 자들 선교회'(Debtors to Savior Mission)이다. 우리 교회가 20여 년 전에 재정의 60%를 선교비로 후원하고 있을 때, 당시 농어촌교회 지원액의 7배를 수년간 DSM에 후원하였다. 내 사윗감 김춘곤이라는 청년이 전북대학교에 재학중 DSM 선교단체에서 훈련받고 영적으로 성장하였다는 것이다.

"너는 네 식물을 물 위에 던지라 여러 날 후에 도로 찾으리라." (전 12:1)

결국 그는 우리 교회 부목사로 청년부를 담당하여 나의 목회를 도와준 것을 생각하면 하나님이 계획하고 준비하신 것이다. 하나님은 전능하시고 완전하시다.

나는 선교함으로 인해 하나님께서 우리 교회에 많은 복을 주셨다. 이런 복을 주신 것을 다 기록할 수 없다. 복 받기 위해 한다면 또 문제가 될 것이다.

나는 세 딸과 한 아들을 키우면서 입학식, 졸업식, 소풍, 운동회에 단 한 번도 참석하지 못했다. 가족과 함께 여행한 기억도 없다. 자상한 아버지도 못 되었다. 그런데 하나님의 은혜로 자녀들을 아름답게 성장시켜 주셨다. 오직 하나님의 은혜다.

나의 자화상은?

　가나안 땅의 정탐꾼 중에 여호수아와 갈렙은 하나님의 약속을 온전히 믿어서 하나님께서 귀히 쓰시는 도구가 되었는데, 부정적인 생각을 가진 10명의 정탐꾼은 하나님이 주신 존귀한 자신의 신분을 망각하고 철옹성 아낙자손 철병거 앞에서 스스로 메뚜기라 하였다. 그 영향을 받은 메뚜기 자화상을 가진 자들은 가나안 땅의 축복을 얻지 못했다.

　하나님은 우리 모두 하나님의 자녀들이 땅을 정복하고 다스리기를 원하고 계신다.

　완도 시온교회 김용운 권사의 간증을 듣고 나는 내 자화상 정립에 큰 도움이 되어 여기에 소개한다.

　저는 완도 시온교회에서 30여 년 전에 신앙생활을 시작하였습니다. 5년 전, 어느 여름날 생각지 못했던 신기하고 놀라운 환상을 보게 되었습니다. 빛나는 큰 달 속에 큰 십자가가 보이고, 그 십자가는 큰 빛을 비추며 온 지구를 비추고 있었습니다. 정장을 하고 있는 사람이 그 십자가를 붙잡고 있었습니다.

　그때 저는 '아~저 분이 푸른 초장으로 인도할 분이구나!' 라는 감동이 왔습니다.

'하나님, 이 환상이 마귀가 보여준 것이라면 쫓아주시고, 하나님이 주신 것이라면 꿈으로 다시 보여주세요."

기도하고 잠을 잤는데, 위와 똑같은 장면이 또 보였습니다. 그때 "그 십자가를 붙들고 있던 사람이 광주안디옥교회 담임목사님이다."라는 하나님의 음성을 들었습니다.

저는 그 당시 광주안디옥교회와 목사님이 누구인지도 모른 상태였거든요. 하도 이상해서 담임목사님께 상담을 했더니 광주안디옥교회가 크게 부흥될 모양이라고 하셨습니다.

그 후 4~5년이 지난 후 시장에서 우연히 광주안디옥교회 이후덕 권사님을 만나게 되었습니다. 광주안디옥교회라는 말에 너무나 반가워서 제가 본 환상과 꿈 꾼 내용을 이야기하게 되었고, 박 목사님도 만나게 되었습니다.

박 목사님과의 만남을 통하여 광주안디옥교회의 100만 교회의 비전을 듣게 되자, 그때 환상으로 보여주신 큰 달 속의 큰 십자가의 빛으로 전 세계의 어둠을 쫓아내겠다 라는 생각을 하게 되었습니다.

이후 광주안디옥교회의 "100만 교회 언약"이 하나님의 뜻이라면 하나님께 보여 달라하면서 3일 금식을 하였는데 금식 후의 응답은, 수많은 은빛 전선줄의 전봇대가 사방으로 통한 것들이 보여서 분명히 하나님의 좋은 응답이라 생각되었습니다.

하나님께서는 그 후로도 계속 광주안디옥 교회의 기도를 많이 시키고, 또한 박영우 목사님을 위해 기도하면 수없이 많은 눈물이 나옵니다. 그 눈물은 "예수님의 기쁨의 눈물"이라 생각되며 하나님께서 보여주신 뜻이 이루어지도록 계속 기도하겠습니다.

베드로가, "주는 그리스도시요 살아 계신 하나님의 아들"이란 신앙고백과 "내가 천국 열쇠를 네게 주리니 네가 땅에서 무엇이든지 매면 하늘에서도 매일 것이요 네가 땅에서 무엇이든지 풀면 하늘에서도 풀리리라" (마 16:19)

우리에게 믿음과 사랑과 기도가 천국 열쇠가 된다.

한 번은 신령한 꿈을 꾸게 하셨다. 광주 공원에 갔는데, 갑자기 절뚝발이 거지가 나타나 나에게 손을 내밀며 구걸을 한다. 내가 오른손으로 호주머니에 손을 넣어서 잡혀 나온 돈이 1000원짜리 지폐다.

'이 돈으로는 한 끼 식사비도 안 되는데…'

그러면서 손을 호주머니에 집어넣고 다시 찾으니 5000원짜리 지폐가 나온다. 이 돈이면 점심 식사할 정도로 생각되어 그 거지에게 돈을 주니까 그 거지가 긴 열쇠를 준다. 그때 마침 당시 부목사 김춘곤 목사가 보인다. 이 열쇠 받아도 되느냐고 물으니까 김춘곤 목사가 "받으세요." 한다.

그 거지가 하는 말이, "이 열쇠는 모든 것을 여는 열쇠입니다. 열쇠 구멍에 맞추세요."

그 거지가 우리 예수님으로 생각된다. 그 후에 내가 왕궁으로 갔는데 각 방마다 열쇠가 잠겨 있었고 보화가 들어 있는 방을 열쇠로 넣고 돌리려는 순간을 보여 주셨다.

"내게 능력 주시는 자 안에서 내가 모든 것을 할 수 있느니라" (빌 4:13)

"능력 주시는 자 안에서" 곧 "예수님과 깊은 친밀한 교제 가운데서" 믿음과 사랑과 기도는 우리 모두에게 천국의 보고를 여는 열쇠가 되는 것이다.

민족 운동을 하라!

2018년 10월에 하나님께서 하룻밤 철야기도를 하도록 하셨다. 새벽에 하나님께서 '민족운동을 하라'는 말씀을 주셨다. 우리나라는 지금 좌파, 우파의 갈등으로 나라는 만신창이가 되었다.

보수와 진보가 싸우면 이 나라는 망한다. 서로 보완 관계에서 사랑으로 하나가 되어야 하는데 그 길이 무엇일까? 하나님의 처방은 "민족운동을 하라."였다.

이것은 도산 안창호 선생, 월남 이상재 선생, 고당 조만식 장로, 이런 분들의 사랑과 정신을 배우고 따르면서 가르치는 것이 중요하다는 생각을 하면서 기도하고 있다.

얼마 전 현직 모 국회의원과 통화하면서 내가 우리나라 정치 현실에 관하여 지적하였다. 여야가 다 정권을 잡는 목표로 정치하고 있다는 것이다. 여야 국회의원들이 예수 그리스도의 사람이라는 정체성으로 하나님 나라 확장을 위해 복음의 도구가 되는 것이 당연한 것이다. 그런데 하나님의 사람으로서 목소리를 내지 못하고 당의 눈치만 보면서 차기 총선 때 공천 받는 것을 우선으로 생각한다면 자격 없는 국회의원이다. 여야를 초월하여 하나님의 사람들이 모이고 사회 각계각층 지도자들이 모여 위에 열거한 민족지도자 세 분들의 사랑과 정신으로 하나 되어 나라사랑, 민족사랑 운동만이 살길이라고 생각한다.

미국에서는 2차 대전 때 루스벨트 대통령이 야당의 지지로 4선 대통령이 되었다는 것 자체가 멋있는 정치의 모습을 보여준다. 우리나라에서도 생각과 의식이 깨어있는 사람들, 지성인으로서 세상의 불의를 보고 마음 아파하는 양심적인 사람들이 모여, 이 나라 이 민족의 문제를 안고 같이 울고 같이 웃는 아름다운 단체가 만들어지기를 하나님께서 분명히 원하시고 계신다고 생각한다.

진정한 민족운동이 이루어지려면 정치적 색깔이나 지역연고 등을 초월하여 한 마음 한 뜻으로 해야 한다.

오늘날 교회 지도자들이 사회에서 존경받는 목자가 되는 것이 민족운동의 원동력이 될 것으로 생각되며 하나님의 사람의 동지들이 모이기를 기도한다.

대면 예배가 유죄인가?
설교가 유죄인가?

한국교회에 호소합니다. 한국교회 성도 여러분, 저는 참혹한 심정으로 지금 호소를 하고 있습니다. 예배가 죄고, 설교가 죄라고 대법원이 판결을 내렸습니다. 문재인 정권 때 코로나19 방역으로 교회가 폐쇄되어 지금 한국교회는 만개 이상이 없어진 비참한 상황에 처해 있습니다.

저는 상위법인 헌법에 보장된 예배를 하위법인 방역법으로 예배를 폐한다는 것은 있을 수 없다고 생각하여 예배를 강행했었습니다. 그로 인해 유죄 판결을 받았으나 벌금 몇 푼 내고 끝내고 싶지 않았습니다. 왜요? 이건 잘못 된 것이기 때문에 '벌금 몇 푼의 문제가 아니구나.' 기도하면서 대법원에 상소를 했습니다.

그 이후 대법원장 주재, 13명의 대법원 전원합의체에서 이 사건이 결정된다는 통보를 받았습니다. 그리고 전 법무부장관 김승규장로님과 통화할 때 그 장로님께서 말씀하시기를 "정말 축하할 일입니다. 이것은 기적입니다. 일반 사안은 대법원 판사 세 명이 결정하는데 이번 사안은 중대하여 13명 전원합의체로 결정된다하여 기적이라 생각했습니다. 만일에 받지 않으려면 기각했을 것입니다. 한국교회 살릴 일이 생겼습니다. 앞으로 코로나가 와도 대법원 판결에 의해서 무죄가 선고된다면 한국교회를 살리는 역사가 될 것입니다." 라고 해서 저는 너무 기쁘고 감사했습니다. 그리고 기다리고 기다렸습니다.

그런데 이번 24년 7월 18일 2시 판결은 기각이었습니다. 정말 충격이었습니다. 자유 대한민국이 헌법이 살아 있는 나라라고 생각할 수 있겠습니까? 도저히 이해할 수 없는 일입니다.

코로나 방역이 문재인 정권 때 교회를 죽이기 위해서 시행되었다는 것을 많은 사람들은 알고 있습니다. 한번 생각해 보세요. 정치 방역이 아니고 무엇입니까, 코로나가 확진되었을 때 일반 백화점의 경우 두 시간 동안만 소독하고 문 열게 만들었습니다. 왜 교회만 유독 두 주간 폐쇄했습니까? 그리고 왜 불교는 그 당시 천 명, 2천 명 모여도 가만두고 교회만 만 명, 2만 명 들어가는 예배당에 20명 방송부원만 들어가게 하고 문을 닫았습니까. 한국의 큰 교회들이 거의 다 무릎 꿇어서 한국교회가 이렇게 되어버렸습니다.

광주는 험지라고 합니다. 여기서 우리가 어떻게 어렵게 왔는지 우리교회가 예배드렸다고 해서 한 달 폐쇄를 당했습니다. 확진자 4명일 때 보건소에서 성도들을 집합하여 검사 이후 40명(?)이라 하였습니다. 그 후 언론에서는 120명이라고 발표하여 한 달여 동안 광주 안디옥교회를 이단시하며 반복하여 재방송했습니다. 심지어 광주 안디옥교회 성도는 공무원도 좌천시킬 정도였고, 우리교회가 은행 대출을 해서 쓰고 있는데 서울경찰청에서 은행본부로 대출을 연장해주지 못하도록 지시가 내려왔다는 것입니다. 그때는 문재인 정권 때입니다. 지금은 정권이 바뀌어졌습니다.

이런 상황에서 정부의 잘못을 시인 받아야 했었는데, 지금 대법원 판결이 이렇게 나왔는데도 조용히 있다는 것은 뭐 하겠다는 것입니까? 저는 이대로 있을 수 없어서 한국교회 성도 여러분에게 호소합니다. 헌법에 보장되어서만이 아니고 헌법 보장 이전에 우리 인간의 최고의 본분은 하나님 믿고 예배드리는 것입니다.

"지금은 예배 그대로 드려도 말 안 하잖아."라고 하는데 여러분 두고 보세요. 또 어려운 일이 옵니다. 깨어 일어나야 합니다.

이 모든 것들은 우리 개교회만의 문제가 아닙니다. 지금 한국교회가 이대로 간다면 또다시 제2의 코로나 사태가 오고 어려움이 닥칠 때 당연히 우리는 이번 대법원 결정이 판례가 되어 한국교회를 마음대로 핍박하고 예배를 저지할 수 있는 구실과 올무가 될 것입니다. 지금은 코로나 시대를 지나가서 마음대로 예배를 드릴 수 있게 되었습니다. 그렇다고 조용히 잠을 자고 있으면 어떻게 되겠습니까? 여기서 잠잠히 있다면 완전히 교회는 중국의 3자 교회가 종교부의 지배를 받듯이 정부에 의해 지배를 받게 될 것입니다. 지금 한국교회가 이런 처지에 놓여 있습니다.

에덴동산에서 인간이 타락하고 쫓겨났을 때 노아 홍수 심판이 있었습니다. 홍수 심판 이후 첫 번째 노아가 한 일이 무엇입니까? 정결한 짐승을 가지고 먼저 제사를 드렸지 않습니까. 그 얼마 안 된 그것 가지고 먼저 제사 드렸습니다. 죄 가운데 범죄한 인간들이 하나님을 만날 수 없었지만 짐승의 피제사를 통해서 만나준 것이 구약의 제사법이고 이제 신약에서는 십자가상에서 "주님이 다 이루었다." 구속을 완성하심으로써 예배로 바뀌어졌습니다. 요한복음 4장에, "신령과 진정으로 예배드릴 때가 오나니 이때라." 했습니다.

교회의 생명은 예배입니다. 인간은 예배를 통해서만이 하나님을 만납니다. 하나님의 생명, 능력, 은혜, 사랑, 축복은 모두가 예배를 통해 오게 되는데, 교회를 폐쇄하고 예배를 중단하고, 예배를 드리지 마라. 설교를 하지 마라. 이게 가능한 말이겠습니까? 어떻게 대한민국 헌법에 보장된 종교의 권리와 자유를 하위법인 방위법을 가지고 교회를 폐쇄하고, 이제 한국교회가 다 망해가고 있는데도 잠잠하고 있습니까?

만개 이상 폐쇄된 교회를 정부가 보상하고 회복시켜야 됩니다. 왜요? 질병관리청에서 분명히 발표했습니다. 교회에서 확진자가 나오지 않았다는 거예요. 저는 정권이 바꿔졌으므로 대법원에서 당연히 예배의 자유를 인정하는 판결을 내릴 것을 기대했고, 그럴 수밖에 없다고 생각했어요. 코로나 시대에 미국 연방 법원에서도 교회의 예배를 방해할 수 없다고 분명한 판결이 나와 있습니다.

그런데 이것이 영적 문제라는 것을 알았습니다. 저는 대법원장을 존경했는데, 대법원장은 이번에 제가 재판받으러 갔을 때 "광주시에 코로나가 확진된 상황에서 교회가 협조해야 되지 않겠느냐?" 이런 논리를 펴고 있더라고요. 이게 헌법을 지키고 보호해야 할 대법원장이 할 말입니까? 그러면 왜 그 당시 불교는 천명, 이천명 그대로 허용했는가요. 거의 전철에서 백화점에서 그 많은 사람들에게서 확진이 나왔고 교회에서는 확진이 안 나왔는데도 어떻게 대부분 판사들은 이렇게 판결을 내릴 수가 있습니까?

이제 그대로 한국교회가 가만히 있으면 앞으로 제2의 코로나가 오게 되어도 교회는 아무 말 없이 문 닫아야 됩니다. 왜요? 대법원 판결이 나왔으니까요. 예배는 죄라고, 설교는 죄라고 나왔으니까요. 한국교회 성도 여러분 이대로 가만히 있어야 되겠습니까? 제가 한국교회를 대표해서 말할 자격은 없더라도 유독 우리 광주 안디옥 교회가 대법원 최종 판결을 받게 되어 여러분께 호소합니다. 만일에 여기서 우리가 가만히 있다면 우리는 그 판결을 시인하고 받아들이는 것이 됩니다. 유죄를 받았는데 싸우지 않고 가만히 있는다면 하나님과 한국교회 앞에 제가 죄를 짓게 되는 것입니다.

한 가지 길이 있습니다. 헌법재판소에 상소를 하는 것입니다. 그리고 국민 청원을 하는 것입니다. 앞으로 이대로 가면 그대로 한국교회는 정치방역으로 말살될 것이 눈에 보이기 때문에 여기서 제가 이렇게 호소를 하고 있는 것입니다. 국민 청원 5만 명 이상 서명해야 됩니다. 저는 우리 한국교회 수백만 성도가 있기 때문에 5만 명은 어렵지 않다고 생각합니다. 여러분 끝까지 기도하고 참여해 주세요.

이제 제가 이 유튜브를 띄울 텐데 유튜브에 여러분 여기 동참 하시면서 댓글란에 저를 지지한다고 찬성 표 해주시고 서명해 주시면 국민청원 할 수 있게 됩니다. 지금 한국교회가 사느냐 죽느냐 기로에 놓여 있습니다.

저는 믿습니다. 다니엘에게 역사하셨던 하나님을 믿습니다. 다니엘은 하루에 세 번 계속 기도했습니다. 다니엘의 기도만 막아 버리면 사단은 이스라엘 삼킬 수 있었습니다. 다니엘은 사자굴에 들어가 죽을 것을 알고도 감사하며 찬송하며 기도 드렸을 때에 하나님께서 역사하셔서 사자굴을 깨뜨리고 부활의 주님을 만났지 않습니다.

저는 다시 한번 하나님께 감사했습니다. 왜요? 이번 일을 통해서 한국교회가 다시 깨어나고 하나 되는 기회로 역사하시기 위해 이렇게 저같이 부족한 사람을 도구로 사용하고 계시구나. 저는 믿습니다.

우리가 하나 되고 반드시 앞으로 감히 하나님께 드리는 거룩한 예배를 어떤 그 누구도 막을 수 없도록 우리는 법적으로 만들어야 됩니다. 국민청원을 할 것이고 헌법 재판소에 상소할 것입니다. 여러분 기도하면서 동참해 주시기 바랍니다. 진리는 승리합니다. 하나님 말씀은 그대로 진리입니다. 말씀대로 우리는 달려가야 됩니다. 저는 하나님만 의지합니다.

우리 교회에서는 작년 4월부터 1년 수 개월 동안 매일 하루 세 번 예배를 드렸습니다. 그 이유는, "한국교회 본질을 회복해야 된다. 종교개혁이 일어나야 된다." 이것을 놓고 계속 기도하면서 달려가고 있습니다.

이번 일을 통해서 교단과 교파를 초월하여 우리 모두가 이 일에 동참한다면, 다시 한번 한국교회가 하나 되는 기회가 되고, 먼저 그의 나라와 그의 의를 구할 때 하나님께서 반드시 이 나라를 살리고 한국교회를 살리고 마지막 남과 북이 하나 되는 통일도 오고 세계를 살리는 아름다운 한국교회로 역사하실 줄 저는 믿습니다. 감사합니다.

"아버지께 참되게 예배하는 자들은 영과 진리로 예배할 때가 오나니 곧 이 때라 아버지께서는 자기에게 이렇게 예배하는 자들을 찾으시느니라" (요 4:23)

"하나님은 영이시니 예배하는 자가 영과 진리로 예배할지니라" (요 4:24)